慈悲劍

李喬／著

武俠的／哲理的／幽默的／歷史的／傳說的

實驗與好看——自序

李喬

在許多場面，碰到文學青年或文教記者，他們支吾一陣然後問：您寫過很感人的長篇小說；對不起，請問：短篇小說方面呢？我也支吾半天才告訴他：很抱歉，我已發表的短篇小說才兩百多篇，八六年止已出版了十二本……

元月二十六日在彰化文化中心，「賴和研究會議」的綜合討論會上，文壇大老鍾肇政先生介紹我上臺時，劈頭就責備我：近年到處演講，不務正業，小說作品全無。大老愛深責切，我銘感在心，不過我不得不即席反問：本人在一年半時間內，發表短篇兩篇約三萬字，長篇一部三十五萬字，哪位超過這個不務正業傢伙的產量？我是在「拚命」，自問並未荒廢……實際上，八二年退休後，我已出版短篇集四本、長篇兩部、論述五冊。

給人不務正業，或小說作品消失的印象，固然我的「行動」是主要原因，而我的小說

「不好看」與現在的人不喜歡讀書，該也是癥結吧？

元月二十七日在臺南「佛學研習會」，我去講《情天無恨》（拙著書名）中的佛理點滴，意外地遇到畏友劉春城兄。我們慨嘆小說沒落之餘，獲一「共識」：彼此以創作好看的小說共勉。是的，在此聲光誘人、色感惑衆的時代，如果還想引導一些人作沉思反省，那就非更講究「方便法門」不可。另一方面，由於追求「好看」以求生路而發展出更精緻的技巧，不正是「文藝」的分內事嗎？

人世間，自古後浪推前浪；既不得不爲「前浪」，爲了保持「浪的存在」，傻瓜是尋找名位爲依恃；我絕不願當傻瓜，然則求生之道唯有不斷實驗新作一途而已。這本平生第十三本短篇小說集選輯的著眼點便是：好看與實驗兩個命題之上。

十多年前我就想發展一種文體：冷言冷語，繃緊臉孔敍說幽默滑稽或荒唐事，〈共同事業戶〉便是初試手法；它也是「好看的」。〈主席．三角街〉、〈立委自決〉也納入此類。至於「寓意」是：故意讓人一看就懂，預計中下一部長篇就想運用這種特色的語言。

〈水鬼．城隍〉、〈馬拉邦戰記〉、〈第一手資料〉是歷史、文學、傳說之間的混合表現，當然也是「好看的」。

如何把現代小說的觀念與技法融入武俠小說中？這是另一野心。〈慈悲劍〉是我三年後百萬字長篇武俠小說之初階面貌；〈阿壬嫂這個人〉、〈罪人〉是我的本色作品。〈關於存在的一些信息〉是徹底「小說化」的論文，卻也如偵探小說那樣「好看」。

〈「死胎」與我〉發表時據說引起不少議論，小說中運用 Meta 的觀念與技巧，實際上在《寒夜三部曲》的《孤燈》中，北呂宋島上的逃亡情節就用上了。八五年發表的〈孽龍記〉（收入自立版的《告密者》）也是如此完成的作品。〈「死胎」與我〉在我而言，也是「一種論文」，但它通得過小說門檻的。我確信。

希望買這本小說的朋友會覺得它「好看」，透過「好看」，更希望能看到我那逐漸衰老卻依然熱愛臺灣的心，以及酸淚……。

一九九三年三月三十日

目次

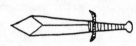

輯二

輯一

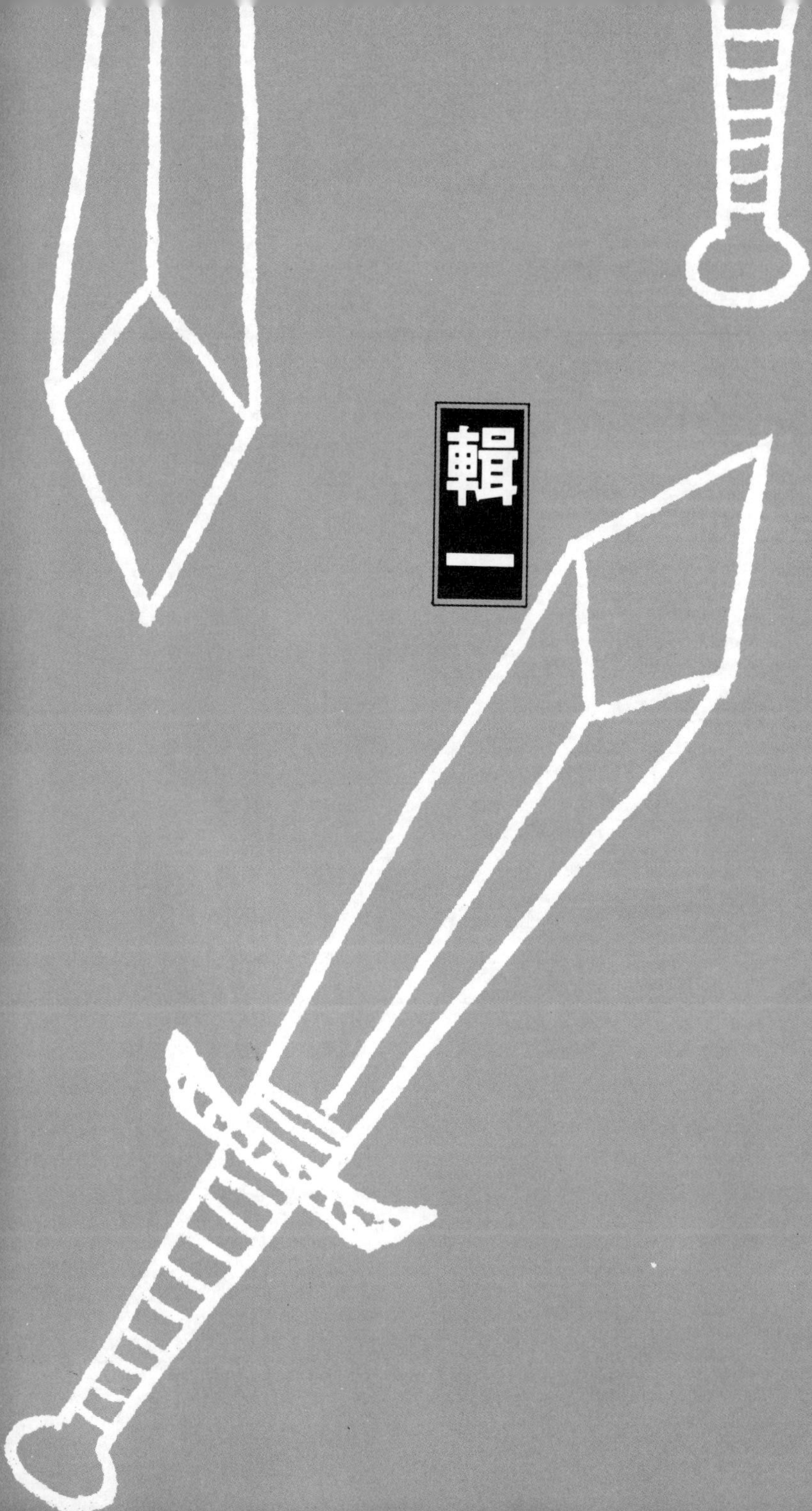

慈悲劍

——度化李白

大唐，玄宗開元十二年，歲次甲子，孟春之月，日在營室。

漫天雪花，遍地銀妝；朔氣咻咻，人跡全絕。

驀然，一陣馬蹄聲，自遠處敲響，揚起，轟轟傳過來……

「得，得，得，得；得得！得得！得得得得！得得得得！」

抬頭望去：自銅陵西南的大道，往貴池東鄰青陽的官道上，一匹與天地同色的健壯駿馬，畫起紅、金、黛三色絲縷，雷奔而來，電掣而去……。

那一縷紅線，是白馬的雪紅馬鬃畫出來的。「火旗雲」是西域異種神駒；「銀鞍白馬度春風」，現在「火旗雲」來到了中土。

那一線金色，是馬上騎士腰間寶劍，「天外飛霜」拖曳而成的；錦黃劍柄，淡青的劍

身，半透明的鞘匣裏，「閉劍玻璃匣」，在「速度」形成的顏色混合作用下，呈現出一縷淡

金色。

至於黛色線流，是騎士的髮鬢眉峯所描出來的；魁梧的身軀，銀白的緊衣，玉白的束雲

巾，隆鼻大耳，長眼深眶，那兩道劍眉，挺然飛入髮中，不過二十三模樣，神情風貌，飄逸

而凜然。這幅奇偉俊拔，顯然是天涯遠客，絕非鄰近所產……

神駒騎士到了青陽，向居民打聽方位後，再沿青陽城轉向西北行，跨過西洪嶺隘口，就

進入陵陽山山麓。

陵陽山又名九子山，是黃山支脈。這裏寺廟遍布，梵刹林立，與四川的峨眉，浙江的普

陀，山西的五臺，合成中國佛教四大名山。

陵陽山以俊美挺秀名傳天下，號稱九峯競秀；事實上玲瓏天際的奇峯，總數有九十九座

之多。遠處眺望，但見雲海茫茫，羣峯如島，翠柏青松，異鵬蒼鷹；霧散雲消時，萬山奔

現，點點禪舍，長天無風，孤輪獨耀。陵陽山好迷人。

騎士仰首四顧，略一估量時刻，是午未之交吧？再看愛駒「火旗雲」雪白的皮毛，甚至那一扇「火旗」鬃毛都是濕漉漉的，是雪花溶化，還是浴汗如此？或者兩者都是？

「噫吁危乎高哉！巉巖九折不可攀……」騎士收住馬韁，吟哦起來了。

那清越的嗓音，猶如無形的矯龍，迴翔於連巒疊谷之間，久久縈繞不去。

他一個旋身，躍下馬來；伸出罩上猱皮護掌的手，輕撫愛騎，還繼續覽賞四周勝景，看起來是恁般陶醉。

——「喂喂！何方雜湊兒，嚷個啥？」突然由路旁巨石後冒出一口南腔北調的虬鬚漢子。

還不止一個哩！接著又有三個漢子現身。全是三十上下粗壯漢子，一色的皮襖罩帽，獵戶的打扮。虬鬚的左手握一寬身巨劍；其餘三人，右手都拎一把鬼頭刀。

「這位兄臺，可是有所見教？」騎士顯然未聽懂領頭漢子粗鄙的問話。

「咱是問儞個雜湊兒；送死啊？這般雪地冰天！」說著，可就不客氣地大步向前，還伸手要拍那「火旗雲」。

「雜湊……兒？罵人啊！您？」騎士白裏潤紅的臉一冷，長眼一睜，目光兩把冷電似地盯住漢子。

「罵你？嘿！嘿！咱還想吞下倆哪！」

——「唏律律！……」——

「火旗雲」陡地人立而起，前蹄突伸，撲向發話的漢子，大概是人先惹了牠吧。

「嘿！」

這漢子上半身猛地後仰，與腰肢成擢，一個「錦鯉戲波」箭射而退，饒是好身手，也驚出一身汗。

「馬個巴子的！」其他三個人，一聲斷唱，圍了上來。

「這是爲何？臨近佛門聖地，難道要……」騎士怒極而笑，態度反而十分輕鬆。

「這匹馬兒，咱要定了！」虬鬚的說。

「手中那把劍，嘿嘿！也得留下。」另一個說。

「哈哈！」他一聲龍吟長笑，然後又搖頭晃腦吟哦道：「火旗雲馬生光彩，天外飛霜下葱海！……」

這個人是愣書生。一個說。一定是個瘋子。另一個說。可是馬匹、長劍都不是凡品哩。

虬鬚的說。四個人意見不一，不過，想法卻相同：一起出手搶奪。

「慢着。」他笑吟吟地：「各位兄臺，待在下拜謁洞僧大和尚後，再相贈如何？」

「廢話。咱，現在就要。」

「唉！那，可否見告兄臺大名？」他嘆了口氣。

「也好！不然倆成了糊塗鬼！」虬鬚的巨劍嗖一聲出鞘了。行家一動便見眞章，看樣子不是一個俗手哩：「咱們，『當塗四虎』，可曾聽過？」

「四虎？傷不傷人？」他還是望向遠山。

「殺人無算，獨霸一方。怎麼樣？」

「如此，在下，也該介紹這匹馬兒，尤其這把寶劍。」

「哦？說說。」

「這是西域眞眞千里神駒。」他解下腰間長劍，曲指一彈劍鞘，說：「天外飛霜劍，乃採天山主脈折羅漫山的萬年精鐵，鍛鑄而成……」

「哦？好！好！那獻上來！」這一說，四個人眼鼻全笑了。

「可是，各位得想想，」他臉色一整，揚聲說：「要人家寶物，總得問問主人名號才是？」

「好吧。報上名來！」虬鬚的十分不耐的意思。

「在下，李白，隴西人士……」他昂然說。好像報出這個籍貫名號，是十分光彩的事。

「李白？沒聽過。管你白的，黑的——把傢伙遞過來！」虬鬚的，巨劍倏地刺向李白。

「在下不給呢？」李白腳下未動，身子稍一搖晃就避了過去。

「哦！練家子呢！」虬鬚的劍鋒一順，採「抱元守一」的蓄勢說：「可惜今天遇到的是當塗四虎——看㒲隆鼻深眶，身高七尺，嘿嘿！」

「如何？」

「必然是個胡兒雜種——看招！」。

當塗四虎之首，話聲乍落，巨劍劍柄左斜，一記「飛針走線」，直奔李白腰腹。看劍勢，端在殺人，非僅奪劍取馬而已。

「叱！就憑這一句，留不得也！」

李白並未拔劍，身子隨著對方劍勢往左方斜飛三尺，在對方踏中宮變劍招的刹那間，身子一個「玉燕穿柳」，由對方正前面轉到側面；卻在避招旋身同時，左手稍稍上提，劍柄的錦黃劍穗，便在對方脖子邊一拂而過。
——「咻——」一截極短的破空聲響陡然掠過。
「呃！」四虎之首身子一滯，巨劍往前拋去，虬鬚臉孔往上一仰，喉管部位突然如嬰兒張口——一蓬血箭噴射而出……
那左手的劍訣依然，眼睛睜得像兩粒死牛的目珠；那是九分的驚絕，一分的憤怒……
「啊！」其他三虎這才喊出聲音，人卻像雷殛當頭，搖搖擺擺往後退下，還有一人絆一腳，倒坐在地上。
「唉！這不是在下本意也！」李白吁口氣說。
「爾！爾殺，殺了咱，咱大哥？」三人繼續往後退。
「當塗四虎，殺人無算不是？」
「這，這個帳……」
「以後算。」李白揮揮手，眼睛卻往上仰望：「陵陽山，天臺峯，可是從這裏上去？」
「……不錯！爾要逃？」
「不逃。」李白沉吟一陣再說：「把屍首抬回去，從此別玩這勾當了。喏！這個，接著！」李白手上突然射出一道白線。

「啊！銀子？」

李白不再理會他們。看看山路的坡度，還可以乘馬。他飛身上馬，一夾馬腹，「火旗雲」四蹄划處，碎雪紛紛，如履平地一般。

當塗四虎之一的屍首抬走了；一片銀白的雪地上，卻留下一灘鮮紅鮮紅的血漬。一灘不義的，了無意義的鮮紅！這是李白離開成都，辭別白帝城，下江陵置身中原後，第一次殺人，當時二十四歲。

＊

這裏是陵陽山半山腰的小小木造古寺。古寺背後插入天際的古拙奇巘，就是「天臺峯」的絕頂。

天臺峯之右，巨石突起如碧玉屏風，那就是「玉屏風」；天臺峯之左，有倒懸半天的是「摩崖」，還有「捧日臺」、「天臺岡」等……

古寺後右側，有一突獨的小山，山的巔頂有一座半頹的木造亭子；在古寺與亭子之間，是陡立如削而左彎又右拐的八十四磴石階，石階是每塊五寸見方的白石；石階兩旁空蕩蕩，無攀援的蔓藤。

最妙的是，每塊白石，並非平砌，是一塊塊往下打斜砌疊起來的。說得更清楚些，是在古寺與亭子之間，以八十四塊白色石塊「連綴」而成的四丈二高的一方直立石板而已。

實際上，一般人根本不能在這八十四塊石階上走動；它只能當作借力換氣的中站而已。

誰想上到半頹的木造亭子？那就得具有一身不差的輕功才行。

現在，亭子裏，正有一位老僧面西默默趺坐著。

日已西斜，嵐氣四湧：「青石承趺坐，長松響梵聲」，這是一片悠然清明的空間。也可以說，時間停頓，空間無限延長的世界。光中有音，音中有光；光音而一。

這，已然不是人間的境處。

老僧身子微微一動，然後吁口氣。諒是從種種禪定中脫散出來吧？

老僧雪白長眉略略一揚，以一種無染純淨，滿載憐愛的目光，瞥身邊形色一眼，然後投向天際雲影裏……。

道通天地，思入風雲，人我皆泯，萬物自得。日將西沉，漫眼彩霞，這一片艷艷彩霞，卻倏然觸動老僧的心弦，不覺吟哦道：

「衆生多苦啊，何證喲菩提：地獄未空哩，成佛哪無期……」

這是眞正梵音禪唱，刹那間，似乎千山低嘆，萬谷唏嘘，草木同感惆悵，風雲因而銜悲……

原來這位老僧，並非一般逃世的畸零人，也不是苦修半生但求獨往西天的自了漢。他是抱著度盡天下蒼生的大悲大願來到人間的。

老僧自號「洞僧」，原來是新羅國的太子，姓金，名喬覺，在唐高宗年間，鄰族百濟勾結東倭，侵占新羅。

新羅主派遣金喬覺太子來中國，向高宗求援，結果大唐出兵相助，先後攻滅百濟、高句麗，並幫助新羅復國。

金喬覺是出生處在國運極端危急的時刻；在敵國百濟的意外攻擊中，母后竟然被俘虜，當時他才是十三、四歲的少年。他曾向天神和列祖列宗起誓：一定要從敵人手中把母親安然無損地救回來；他願意拿未來的王位和生命換回母親……。

於是在父王俯允下，他深入靈山，拜新羅國武藝至尊「人心老人」爲師，學習救國救母的無敵劍術。

十年後，學成下山回國。當時「人心老人」告訴他：

「徒兒：有形的劍術，能練的輕功內功，全教給倆了。」

「徒兒永世感謝師恩。」他稽首致敬。

「老夫不要倆報恩。」老人沉聲說：「老夫要說的是：那『無形的劍術』不是苦練就可得的，要靠倆自己去省思，去尋找。」

「徒兒愚昧，還是請師傅——」

「不！老夫不能教倆，普天下也沒有誰能！」

「是……」

「知道嗎？劍道，就是人道；劍爲衆生而發，人爲衆生而活。」

「這個，徒兒知道。」

是的，他知道。他是爲世間一大因緣而降生的；在這十年的修煉中，尤其修習內功時，兼及內省反觀的行程中，他已然明白自己是爲何而生，甚至未生之前是什麼？是誰？他都恍然有知有覺的。

「還有，天下最堅至銳之劍，是什麼劍知道嗎？」
「不是師父所賜這把『修羅劍』嗎？」他輕撫腰間佩劍說。
「不是。是無形之劍。」
「無形之劍？在哪國何邦有那種劍？」
「這，要倆自己去找。但倆一生之中，不一定能找到。」
「徒兒，一定走遍天涯海角找到它，以天下之至劍……」
「不是盡力就找得到的，徒兒。」老人笑著說。
「那……」
「還要用心去想，用耳去聽，用眼去看，用全身去感。」
他這就不太懂了。不過，老人的心意，他還是隱隱明白。
「天下至高的武功，是何境界，倆可明白？」
「像師父這樣。」他由衷說。
「不是。老夫，算什麼？」老人搖頭。他不敢開口。老人烱烱目光凝盯他片刻再說：
「那是刀不能傷，毒不能害，火不能燒，水不能沒，瞋惡見喜的境界。」

「這個……師父：瞋惡見喜是什麼功夫。」

「就是說：功夫到那種境界之後，縱使是遇上心懷怨恨兇惡之人，兩方相對而立的時候，恨惡之徒，不但鬥志全失，刀劍不舉，而且滿心喜悅，接受教誨！」

「前四種，徒兒懂，那是金剛不壞的至高神功，對不對？」

「不對。天下無金剛不壞那種武功，除非心靈修養，進入阿羅漢境地以上，才有可能。這已不止是武功了。」

「那瞋惡見喜呢？是一種奇術嗎？」他有些失望。

「也不是。哈哈！」老人突然笑得白髮霜鬚飄動不已：「嗯、嗯、對，是。說奇術也行，是心術。知道嗎？心術？」

「師父上人下心，這『人心老人』的名號？」他，心裏閃過一抹亮光。

「好，爾不宜再開口──世上的道理，往往說出口就變質，或打上折扣，憑爾宿慧，加上至誠奮力，爾當一切如願！」

就這樣，金喬覺拜別「人心老人」，回到新羅京城。他果然如願以償救回母后，也請得大唐天子的允諾，出兵相助，恢復故國，並造成新羅王朝最鼎盛的局面。

他這時，不但是全國第一的劍術名家，而且隨著內功修為的增厚，佛理的悟入也精進不已。

他遵守自己的諾言，放棄太子儲君名位，毅然出家為僧；他決定憑自己一身業藝，替人間掃除不平，扶弱濟貧，替天行道。

這時，他已然隱約省得，自己以「金喬覺」這個名分降生人世，是大有來由的；自己完全是為救渡衆苦而生。

原來金喬覺是「地藏菩薩」應世的化身，是受如來佛祖咐囑而來人世的。

「地藏」，梵名「乞叉底蘖沙」，原在忉利天，在釋迦佛入滅，「彌勒佛」未出世之前，「地藏」每天早上，進入恆沙禪定，觀察三千大千世界的生靈，祂是在無佛的時空內，教化衆生的大悲菩薩。

所以祂宣誓：「必先度盡六道衆生，始願成佛。」

所以完成救母復國，然後仗劍行俠天下，這是大道的必然。

由於佛理的精進，他漸漸有了透視時空距離，由幻見眞的本事，於是他知道強盛大唐的後面，已然潛伏動亂的因子；繁榮中國的百姓，已然隱現流離災禍的影子。

「祖國已經安定，這一生，應該到大唐國度去廣度衆生。」他告訴自己，並隨即動身。

唐高宗永徽四年，公元六五三年，歲次癸丑，仲春，金喬覺二十四歲，正式削髮爲僧。

這年初秋，他攜帶靈犬「善聽」，乘船進入中國；在長安稍事停留，就來到江南池州府東，青陽縣的陵陽山。

他自號「洞僧」，在天臺峯下結盧參修佛理，也苦練劍術武功；他不是空口救世，閉眼參禪的閒散和尚，他是一位苦行僧實踐者，他知道濟衆救苦，不但要有心而且要有本事，同時還得一一去做。

在高宗麟德二年，金喬覺在陵陽山參修十二年，功德圓滿，從此帶著靈犬「善聽」，走盡天下，行道江湖；那時他還是佩著師父所賜的寶刄「修羅劍」。不過，他已很少需要動到這把劍的時刻。

「善聽」是一隻小靈巧，卻又威勇如獅的純白色靈犬；牠已經完全通曉人意；主人金喬覺的不少「行事」，「善聽」都替他解決了。

起初，江湖上盛傳著「奇僧靈犬」的消息。

後來，江湖人送給他「不血修羅劍」的雅號。「不血」，不是利劍殺人不見血，而是所到之處，不必流血，事事就圓滿解決。向來世人對於「修羅」的理解是：兇狠、殘酷；「修羅劍」，顧名思義，必然是飲血如泉，殺人遍野。然而在他手上的「修羅劍」並非如此。

後來，不知何年哪歲開始，「洞僧」不帶名劍行道了，只攜一團白雪的「善聽」同行。奇妙的是，「善聽」如獅的威猛形象消失了，看來像是一隻溫婉的白貓。

「奇僧不帶劍，可是還是以劍傷人！」

「奇僧長袖中，藏著另一把斬金截鐵，卻其薄如紙的寶劍！」

江湖上這樣傳告著。

是的，洞僧遇到十惡之徒，實在不能回頭的殺胚，他還是會給予一劍斷魂的。不過，那不是什麼薄如紙的寶劍，而是藏在肘掌之間的「氣勁」——長年把握「修羅劍」後，留在肘掌上的「劍氣」——在意志力與嫉惡心凝聚下，脫然射出，直奔惡徒咽喉，在一瞬之間穿透肌膚，斃之於無形——。

「這就是無形劍嗎？」他倏然想起師父臨別時的話。

不，不是的，他知道這一點。

他也明白，人間難免有惡人，就如天界猶有惡靈一樣；爲了廣大平凡衆生，殺戮是不能戒絕的，不過，在他來說，似乎不該只能「以殺止殺」才對。

「不然，我洞僧繼續修行爲的是什麼？只爲修一己之果位嗎？」他問自己。

「不！不！當然不是。」他馬上否定這種說法。

無形劍不是這樣，不只是這樣的。

「武功的至高境界是：刀不能傷，毒不能害，火不能燒，水不能沒，瞋惡見喜的境界。」師父說的。

是的，那才是我所要追求的。那是「不是武功的武功」，或者稱之爲「武功之外的武功」。他想。

唉！我，我還是要讓人間流血，我多麼無能！——

洞僧啊洞僧！金喬覺！儞只能如此嗎？

想到這裏，他不覺喟然而嘆。然而這一聲長嘆卻引動靈臺的不安、不快。這樣是不對的。他想。

「只能這樣度世？」他不覺泫然欲泣。

他，雙眼閉處，驀地，眼前全是血肉橫飛，慘絕苦絕的景象：耳邊響起的，全是哀號，驚嚷懼哭。那是宮闈中的謀殺，戰場上的廝殺，刑場上的砍殺，密室裏的虐殺；江湖上的仇殺，還有自己的揮劍怒殺！

「啊！地獄！這是地獄……」

是的，在應世降生之前，祂經常現身於地獄中以救苦難，並時而化身爲「閻羅王」，處理地獄中的種種。

然而，現在，這人世與地獄又有什麼區別？人間如地獄？還是地獄似人間？或者人間地獄本一體？

「不不！不！不是這樣。這豈是慈悲我佛意旨？」

想到這裏，不由地悲從中來——可以說是，對亙古有情世間的憫惜、慈愛，在這一瞬間，全湧上靈臺心腑；於是心腑靈臺陷入洶湧滔滔的淚水之中……

「嗚……」他泫然悲泣。

「哇啊！……」他號啕大哭。

他哭得靈臺欲頹而心腑將碎，風雲變色，天崩地裂……

可憐的「善聽」，被天地間至哀至痛的哭聲所催，再也無法自持，突然躍起近丈，狂叫一聲，之後撲向路邊巨巖——「噗」一聲，頭骨全碎，先他一步回去了。

這是一個劫，也是一個機，他含悲流淚，把「善聽」埋入大地。他心中卻悠然顯現一片亮亮的「東西」。喔，眼前也是一片潔淨的亮光，他，內內外外，恍然罩在潔淨的光明琉璃寶光中——。

之後，明光消失，他還是回到「洞僧」的模樣。

某一個午後，他走過郊外一座小村落時，突然聽到女人絕望中的呼救聲——四周無人。他身子略晃，淡淡的灰影一閃，人就來到發出呼救聲的竹屋前。

屋前赫然站著四個藍色緊身武人裝束的青年，他們都雙手各持一把銀色利斧，好像是在守衞什麼。

「救——命——呀！」年輕女人聲音，就在眼前房子裏。

一幕醜劇突現眼前。他，並未目睹。但是他完全了然。怒火如一條藍色電蛇，自心中倏然竄出，他大步往屋裏衝去。

「站住！」右前面漢子踏前一步，阻止他前進。

依向來的脾性，他的手掌必然揮出——一縷無形的寒芒飛過對方咽喉，對方必然發不出驚叫就倒地了帳的。

這回沒有。他衹是深深盯對方一眼。那不是燃燒的眼神，而是半閉含煙似的慈目——

「啊——」這個人手上的銀色利斧竟然掉落地上。

他再左右瞧瞧其他三人，三人的目光和他的眼神一觸，全部緩緩垂下頭去。

「出來吧！人！」他站在門口沉聲招呼。

「誰？」屋裏傳出冷狠的一問。

「救……啊——」年輕女人的尖叫突然中斷。

「畜牲，敢爾！」

他，旋身縱入屋裏。可是晚了一步：一個白臉壯漢正自全裸女人胸腹間拔出帶血的利刃，一股血泉也跟著噴灑開來……

該死！此人必須死！殺之無赦！

他，心底湧起了白刃似的一絲殺氣。

他，凝目盯住眼前這個兇手，惡徒、倮蟲！多麼可恨又可悲的人！這是要承負百劫罪孽的靈魂啊！

他，心思千迴，悲恨百轉；他的眼淚奪眶而出……

這是慈悲之淚，憐恨交織的淚，淚水中透出來超人的無窮願力，猶如無形之刃，直入惡徒心房……

「哇啊……」兇徒身子陡地一顫，呼一聲，以不動原姿突然跳起三尺，然後頹然摔下，倒地，仆倒，氣絕，斃命！

他未曾運起無敵神功，也未以劍氣殺人；是他的强大願力，憑憫惜生命的慈悲心爲引子，與無始以來運轉天地的「原力」合而爲一；說是洞僧他殺死了這個惡徒，不如說是天地的「原力」清除了一常道上的「障礙」。

「奇僧以淚水殺人！」江湖上開始播散這個傳說。

「嗯，這，就是師父說的『無形劍』！當然，這只是初基而已——」他終於明白。

從此以後，江湖上，萬惡之徒，聞奇僧之名而喪膽；無告百姓卻看成萬家生佛。慢慢地，世人對他恭爲「慈悲劍」而不名。

「慈悲劍」不是寶劍，但是能殺人於無形；不過「慈悲劍」更能救人，能度人。

除非惡徒的心已死，罪惡已經到達天地不容的境地，「慈悲劍」的淚水一現，罪徒一定痛哭失聲，坦白認罪，並且絕對回頭向善；以罪惡的餘生行善，洗滌自己罪孽的靈魂——「慈悲劍」，金喬覺，洞僧，行道中原已經七十多年，細數行程，九十五歲，離圓滿歸天的日子不多；他有所等待，他知道，他有重大因緣未了。

這是大唐，玄宗開元十二年，歲次甲子，孟春之月，彩霞滿天的黃昏，那重大因緣即將示現。

從種種禪定中醒轉的他，一心明鏡，滿懷法悅，他由木亭飄然降下猶如一絲柳棉，不但無聲，還且無息。那是超越輕功極限的「運行」。

——「得、得、得、得、得得、得得、得得……」

「師父：馬蹄聲哩。小小山徑，怎麼容得馬匹通行？」由木造古寺探出一個禿頭來。

「道明啊！該來的，來了。請他來。奉茶去。」洞僧進入古寺，朝正殿如來佛稽首再拜，然後走進雲房候客。

道明和尚追隨他二十年，已經深契大道。道明原是閣老閔公幼子，悟性天生，自求出家，閔公答應。五年前，道明大悟，閔公反禮拜子為師，現在是左道明，右閔公常陪洞僧身邊。

「啊，檀那！下馬吧。」階臺轉處傳來渾沉的嗓音，那是閔公在肅客了。

✻

一燈如豆，萬山沉寂，雲房之內老僧猶似入定，勁裝青年恭敬端坐。

夜已闌珊，後者說明過來歷和目的，前者也表明了態度和原由。

「小生不遠千里而來，大師忍心？」

「老衲已然一再表明：談禪習佛自當盡力；論劍講武，老衲杜口三十載矣！」

「可是小生，」眼眸中異彩閃現，此人心比天高，傲氣凌霄，亢聲：「小生李白，或非以往三十年師能遇著之人！」

好大好大的口氣，老僧略一睜眼，但依然是慈目含輝，淡淡說：「老衲洞僧只知慈悲衆生，檀那沉迷武學，看來不能談下去了。」說完，這回是眞正渾然入定，不理會誰了。

「小生專一武學，也是志在濟世，豈可斥爲小道！」李白激昂如風不可自抑：「您，是普天之下，唯一能考究小生、指點小生之人，今……」

——「唔……這位檀那，」是道明和尚悄然進來，俯首溫語說：「夜已深，莫擾老師父清靜，請移步客榻如何？」

李白無奈，只好起身，朝老僧深一揖，然後跟道明出來。道明把他引到客榻就要離開，他及時揪住道明衣角，說：

「大和尚，聽小生一句如何？」

「小僧知道檀那想什麼、要什麼，可是沒用，師父從無二言的。」

「……敢問：大和尚您，武學如何？」李白沉吟一陣才問。

「檀那說笑了。小僧十五齡拜在師父名下，二十年來只知禮佛，從無他念啊。」

「說大和尚誑人自是失敬，可是和尚眼神如星，明明是武功精湛之士，何以相瞞？」李白右手搭在「天外飛霜劍」劍柄上，大有驚天一擊之意。

——「檀越慢著！」洞僧大師站門口發話。另外，那個老閔公也隨侍在側。他竟不知人家怎麼現身。

「大師……」李白不覺玉顏一紅。

「道明父子確實不識武功。老衲之言，可蒙相信？」

「小生是看他眼神……」

「那是專心向佛得來的。」洞僧雙眼微睜：「老衲再說一過：以檀那心性，置於亂象已萌的天下，是以不適再學武功的。」

「正因天下將亂，小生……」

「檀那是千百年來人間一大才——老衲滯世九十五矣，學佛八十餘載，這點能耐，檀那當信得過——可是不適談武，最宜論文：若聽老衲相勸，檀那將是一代詩仙，百世詩宗啊！」洞僧誠摯致意，委婉陳辭。

「天下動亂，庶民災殃，小生豈可獨善其身！」

「善哉！善哉！就此一念，老衲也當好好呵護於爾也。」洞僧喃喃自語一陣，這才揚聲說：「但是世運有常，個人秉性亦有常，且生命行程各自有異；檀那倘不捨寶劍，個人摧折事小，倘若反而助長妖氛又如何？」

「大師可是信不過李白心性志氣？」他這一怒，髮鬢竟無風而動，蓬然散了開來。

「不是信不過，唉！老衲已經再三明告：個人生命行程，總在世運常道之中啊……」

「小生認爲，人生之道，盡心而已。」

「唉唉！此言乃中了仲尼之毒耳！盡心、盡心，不知『心』，何以盡之？天地運行有常，

『心』在何處？豈可不論天常，强說盡什麼『心』？」洞僧語含玄機，詞懇意切，有大放悲聲之慨。

「小生不聽這些！」李白來粗的：「老大師：任您舌焦口乾，不得印證一、二，小生是不下山了。」

「不下山，在此禮佛最佳！」

「小生要放一把火把這座古寺燒卻！」

「檀那要撒賴胡爲？」

「正是！」

「唉！這亦因緣。」洞僧喟然而嘆：「好！檀那執意多此一舉，可要押一賭注。」

「哦！請示詳細！」李白精神大振。

「聽著，檀越全力攻逼老衲兩招，老衲不還手，不退避，倘若老衲身子不退半寸，不移半分，老衲可要破儞氣海大穴，使儞永不能再練高深武學！」

「甚好，可是又爲何只限定兩招呢？」

「一招太少，三招太多；不多不少，自是最好。」

「哈哈，說得也是，但，但不知爲何要廢小生武功？練武之人，廢功比死還重也！」
「那是逼倆不再迷入武學，專心經國大業，不涉王權紛爭之泥淖耳。此番用心，尚盼體會。」
「……小生動手有功又如何？」
「老衲願將畢生武功業藝，傾囊相授！」
「師父您？」道明和閔公同時驚呼一聲。
「一言爲定！」李白抱拳一揖。
「明日辰正，木亭上，接倆兩招。」洞僧轉身離去。
「亭子太窄，如何施展？」
「是老衲接招，何窄之有，好自歇息吧！」
師徒三人退出後，李白卸劍寬衣，就在榻上打坐休息，老和尚說是兩招……我李白全力施爲，老和尚不還手不退避？他不覺血氣翻騰，快要按捺不住。他想：
「磨針婆婆」爲他打下的內功基礎……
「紫陽道人」處所練的「至陽神功」，「眞陰掌力」……

自己把「公孫大娘」的「凌雲劍法」、「當世第一劍」裴旻的「風雲劍法」融合而成的「飛霜劍法」和……

還有，由巫峽飛猿絕技領悟出來的「千里凌虛」輕功……

「我李白，眞不能逼老和尚移動半尺？」他就是不信。

李白經半夜內心紛擾，悠然清醒時，東窗已是一片艷紅。是窗外積雪，反映朝陽呈現的美麗色彩。

抬眼一看，案上濃粥饅頭兀自熱氣騰騰。他暗叫一聲慚愧。盥洗用餐之後，走出木寺大門，他一眼就看到老大師已然在木亭上趺坐等候了。

「大師小心，某來也！」

李白是有意炫耀身法，這就運氣周天，勁貫任督，雙掌往下虛按，那絕世輕功「千里凌虛」已然施展；但見他膝不彎，身不屈地，魁梧又不失飄逸的身子，像一朵直豎白雲，無聲無響地飛上木亭。

直立四丈多的距離，居然不曾跨步，一飄而至。

不，他並未直接飛入木亭，而是不借力，不呼氣，身子忽地再升丈許，然後驀地頭下腳上，衝向木亭；也在這同一瞬間，「天外飛霜」出鞘……

只見一縷精芒，漾著朝陽的萬道霞光，急逾閃電地射到洞僧胸乳之間！

恁是狠了些。那是專破武功的「氣海大穴」啊！

「嗯……」洞僧只輕輕嗯一聲，身子未晃，只是慈目凝注劍尖，然後目光往右邊一瞥……

「啊！」李白劍尖落空，身子收不住，幾乎衝下木亭而去。

是劍勢頓偏，莫名其妙地給一股柔柔勁力把他身劍合一的攻擊拽往一邊了……

「回來！」洞僧手袖輕提，奇大的勁力頓生。李白的身子給「提」了回來。

「這……」李白臉色如雪。

「檀那再攻一招。」

「這個……」

「唉！歇手也罷。」

李白猛咬牙，身子一旋，再次騰空而起。這次劍取「中道」，凝勁如注，劍身打斜，先演「獨指天南」，造成氣勢，然後劍尖幻華，灌注「至陽神功」，一招「拍岸驚濤」，猛刺洞僧丹田；在這同時，左手蓄滿「眞陰掌刀」猛攻下盤……

這是捨命一搏，性命交關的一身內勁，全注在劍掌之上；劍尖還未到，那無堅不摧的劍炁已然觸入僧衣。

洞僧這次未出聲，身不動，頭不搖，還是以眼眸相迎。說也奇怪，那電奔撲來的千鈞勁力與飛霜劍刃，竟突然被什麼擋住托住；接著內功勁力倏然全失，反而一陣微風拂面而過……

「哇！」李白胸乳之下，突然一麻——原來是自己的劍柄倒刺，正好點在「氣海穴」上！

「哈哈哈！」

洞僧飄身而起，淡灰身形，突然迎著朝陽飛翔起來，笑聲綿綿不絕，人卻猶如一隻鷂鷹，憑虛蹈空——速度太快，只見一朵灰雲，在陵陽山突出的幾個峯頂上飛行……

一個峯巔，停留一下，一座、二座、三座……七座、八座，……九座……，人，飛回木亭，長笑聲隨著也杳然。

「妙有分二氣喲，靈山開九華哪！」

李白緩緩吟哦著，長長的美目裏，似有一顆淚珠在滾動……

後記：

㈠安徽陵陽山，此後世人稱之爲「九華山」。李白羈此讀書數月，今留有詩仙讀書遺跡。

㈡李白以後一生，不斷煉丹，究其隱衷。實爲「氣海穴」受制，思丹藥有以克之也。

馬拉邦戰記

1 東洋番來了

一八九三年，光緒十九年，臺灣全島的水旱稻都告豐收，算是風調雨順，安和美好的歲月。

這一年冬天溫度極低，過年前後，羣山山頭上出現白帽子；尤其南湖庄東北海拔一四〇七公尺的「馬拉邦山」山上更是一片皓皓白雪，老人們說，這是豐年的先兆。

可是元宵節之後，各地各庄傳出了許多不祥怪事……。

在伯公生日那天夜晚，南湖庄的一隻公雞在午夜之前突然啼叫起來，接著各家的公雞羣起應和；全庄陷入驚心動魄的一片喔喔啼聲中……。

二月十二日花朝日起，一連五個晚上月亮突呈慘綠；原來月亮旁邊出現了掃把星，每晚掃把星的尾部一直咬住月亮，足有一碗茶工夫以後才消失。算命先生說：這是賊星犯主，臺灣怕有五個月，或五年，甚至五十年的災難……

苗栗街龜山墓地上，出現一羣三隻腳的怪狗；這些狗專挖墓中屍體，撕裂吞食……大湖街望族陳家的媳婦，生了一個雙頭怪嬰，據說臺灣北部……

「人是兩腳，狗才四腳；是人，多了一腳，是狗卻少了一腳；三腳狗成羣，怕是人被狗欺狗想吃人的時候到囉！」老隘勇尤春木說。

「天年不對！怕又要改朝換代吧！」南湖隘勇段哨官柯山塘說。

有一天，柯老總由苗栗帶來一個奇怪消息：大清朝和東洋番要開戰了。

東洋番什麼來路？這是大家無法生出印象的事物。後來傳說逐漸增多，知道那是「外敵」，是居住臺灣東方海島的生番；赤身裸體，只用枝葉遮蔽下體，披頭散髮，矮小而粗壯，善用長刀；生性好殺，據說有生啖人心的習慣……

過了中元節，又有新消息傳出：大清國已經和東洋番在七月初開戰；東洋番又叫做「日本」。這年八月底，聽說雙方海陸大戰，不分勝負；不，好像大清國打不贏日本，戰事還在繼續……

夏天過去了，沒有風災雨害；秋季十分乾燥，烏鴉滿天飛，山猴格外饞；冬天意外地暖和；螃蟹不肯出穴，油簍蜂照常出來螫人……

「大清國打敗了！」

「到底是怎麼樣了呢？」鄉人山樵茫然不知。

——一八九五年，歲次乙未，光緒二十一年三月，清廷正式向日本求和，二十日雙方在馬關舉行首次會議。二十四日，清廷全權代表李鴻章在返旅邸途中，被日本浪人小山豐大郎狙擊受傷……

四月十七日，出賣臺灣的「馬關條約」終於簽署。從此臺灣島以及它三百萬子民就淪入孤兒棄子的命運。

五月十日，日本派海軍大將樺山資紀爲臺灣總督接收臺灣。二十四日樺山搭乘「橫濱號」軍艦出海，二十七日至琉球，和近衛師團團長北白川宮能久親王會合，於二十九日抵基隆港外。清廷全權代表李經芳於六月二日在港口船上辦理交割手續（李不敢下船）。臺灣正式脫離中國，孤零零飄搖在東太平洋婆娑之海上。

在被割讓，被拋棄已成定局，三百萬居民也由驚絕暈眩中清醒過來；在憤怒中，一再哀求清廷毀約再戰，清廷不理。臺胞只好轉求外援；外援無望，最後哀傷憤恨的臺民，終於走上反求諸己之道。

五月二十二日是一個莊嚴的日子；臺民一致公舉唐景崧為「臺灣民主國」大總統，二十三日宣布獨立；改巡撫衙門為總統府，在十一響禮砲中，砲臺上空緩緩升起「臺灣民主國」藍地黃虎國旗。亞洲史上第一個──莊嚴的民主國成立。

至於日軍，在五月二十九日就一邊佯攻金包里（金山），另以主力自基隆東邊的鳳寮作偵察性的登陸。日本侵占臺灣大動亂，於焉開始。全臺居民妻離子散，家破人亡的慘劇，已經由北而南，像狂颱洪水猛撲而來。

六月三日，日軍主力攻打基隆，四日，基隆和獅球嶺相繼失陷；臺北很快就動亂起來。六月五日晚，唐景崧攜帶二子和愛妾由總統府後門逃走，乘德輪遁走廈門。六日日軍入臺北城；北上赴援的林朝棟等命官，後來都一一西渡。到此抗拒東洋番，死守鄉土的事，只有臺灣義民自己來承擔了。

這時候，街上的部分富裕人家紛紛南下，準備由安平，打狗一帶港口，出海逃難；北部已經次第陷落，樺山已經在臺北城開府親事，於六月十七日舉「始政式」。在「臺灣民政支部」下，設立了「苗栗出張所」……

至此，臺人才完全明白：東洋番的槍砲十二分厲害，而且都不像生番野人——日軍已經南下，攻陷大湖口，大軍直逼新竹城……

在臺灣中部，領導抗日的是有名的「三秀才」——銅鑼灣的吳湯興、北埔的姜紹祖和頭份的徐驤。吳是「義民統領」，於六月中旬，在銅鑼媽祖廟前誓師，然後率領二千鄉勇北上。於是桃園仔、龍潭坡、新竹城的抗日血戰次第展開。

六月二十二日，新竹城陷落，但「三秀才」的五千義軍仍然分占新竹四郊。二十五日吳軍進攻新竹城，激戰七小時，這是第一次反攻新竹城。至七月底，義軍曾三次反攻，給予日軍重大打擊。姜紹祖在第三次戰役中，血濺城東山腰一黃姓民家——現在的公園附近——時年十九。

八月初，日軍以四個聯隊，九千餘兵力，外加「吉野」、「浪速」二巡洋艦協助下，南下出擊。八月六日，一聯隊向竹東進兵，十二日由川村、山根、能久親王率兵向頭份街進攻；當日午後頭份守將楊載雲陣亡，尖筆山和頭份在傍晚相繼失陷。

八月十四日晨，日軍川村少將率前衛，由中港海線推向苗栗；山根少將率左支隊由頭份出發；能久親王率本隊跟進，由山線直撲苗栗……。

苗栗街於午後失陷；農曆是六月癸巳，二十四日。在苗栗時刻，在苗栗街西南高地——「營頭崠」，日軍與本地義軍遭遇，引起一場浴血激戰，義軍義民戰死與被戮者六、七百人；「營頭崠」到苗栗西山一帶，暴屍遍野滿地血腥……。

2入山抗敵

臺灣島，在清朝初葉就劃定了先住民一個居耕的範圍，謂之「番地」。在番地邊緣的防守線上，設置了「隘寮」，駐勇防守。這些定距離設置的隘寮，形成的防衞線就稱爲「隘寮線」。

全臺主要隘寮線，設置在中央山脈的西側。一列或續或斷的番界山嶺，北起桃園角板山，上坪前山、五指山、加里山、鹿場大山、大湖南湖丘陵、卓蘭丘陵、東勢丘陵、大橫屏山——一直延伸到阿里山前山，南北太武山……。

南湖庄是大湖庄之南五公里的小盆地；大湖庄在苗栗街東南二十公里。南湖庄地狹小，但開墾面積，製樟腦燒㶿（植物鹼）質量等都不比大湖庄差。

在苗栗地段，南湖是最深入的隘勇線，南湖的情勢又是最複雜的。因爲小小庄落，東南西三面山區，都是人多勢大的先住民社羣：庄東隔一條南湖溪對岸就是「加里合彎社」；由庄之東南兩公里外的「淋漓坪」折向正東是「馬拉邦山」，山區有「馬拉邦社」；越過馬拉邦社，有「蘇魯社」；在一水相隔處，更有「得磨波耐社」、「細道邦社」、「路奔社」、「庛必浩社」、「今毋依社」、「天狗社」等等。

臺灣島居民的共同敵人——東洋番像一團猛烈的毒火，由北而南瘋狂燃燒，中部抵抗最烈，傷亡也最慘重，各莊村連下水溝，田間圳水都染成紅色。聽說「葫蘆墩」（豐原）曾遭燒殺三回；臺中、彰化、八卦山相繼失守。義軍統領吳湯興在八卦山上中砲屍骨俱碎而殉，夫人黃氏在彰化投井，不死被虜，結果絕食而亡……

關於南湖隘勇段的防山職責，實際上在日軍南下之際就形同撤廢；因爲墾撫局早就下令，把隘勇的火槍全部撤走，防衛的任務就交給當地住民自謀解決。

奇怪的是，這段時間裏，先住民既不「瑪拉卡即姆」（出草），也未曾騷擾庄民。更意外的是加里合彎社還派人到隘勇統制所打聽東洋番來襲的消息。

「同年：阿達樣，也去砍東洋番好嗎？」加社的人說。「同年」是先住民友善對方的稱呼。

「依索（你），阿達樣，也恨東洋番？」

「嗯。依索跟貢（我）阿達樣人，在臺員都都好；東洋番來，人就太多，太多就沒東西吃……」

這是先住民最簡明的推理，也是他們也要殺東洋番的理由。

「同年：不瑪拉卡即姆了嗎？」

「阿達樣和大家結同年了，阿達樣只向東洋番瑪拉卡即姆！」

這時隘勇人員大半都四散走失了。哨官柯山塘領著軍師許秀官、尤春木等十幾個不怕死的隘勇，在八月初就投奔苗栗地區的義軍。在營頭崠之役僥倖不死的，因爲南下之路在敵方控制中，他們和其他潰散的殘兵敗將，在日軍掃蕩夾擊下，不知不覺都逃往同一方向——大湖山區。

這些游勇散兵逃到大湖地區的近千人。起初由當地大墾戶（富有的墾地負責人）黃南球所收容。但是人數太多，而且敵軍似乎又有入山追擊的痕跡，所以很快地走散了大半。到了農曆十月下旬，大湖街頭出現了「黃頭兵」。黃某不敢攖其鋒，匆匆躲避獅潭山。這時剩下的兩百多位義軍，既不甘心就此銷聲匿跡，又不知如何作戰，陷入進退維谷之中。

「我們退入山地繼續抗敵！」許秀官提出建議。

柯山塘自然成了大家的首領。大家接受了許秀官的建議，退入南湖庄。南湖庄的居民和大湖一樣，沒有能力，也不肯供給他們糧食；大家了解日軍隨時就要開到——日軍早就到處貼出告示：「不許良民資匪」。爲了不沾「資匪」罪名，居民大都閉戶不出。

柯山塘這批人目前仗恃的是熟悉地形地勢，又擁有一些槍械彈藥；他們都激昂慷慨，悍不畏死，但他們不知不覺間，已經被日方甚至一些居民當作「土匪」。

奇妙的情勢是：加里合彎社的年輕酋長「接卡・久因」、馬拉邦社的「莫・拉邦」，蘇魯社的「吐魯・哈魯」都紛紛找上門來，要求柯山塘「結同年」，合力打殺東洋番。

柯山塘是先住民聞風喪膽的人物，也是充滿傳奇色彩的人物。他曾經在漆黑夜裏被一羣先住民包圍，結果他帶回來三隻左耳朵，自己卻毛髮未傷。

在私下，隘勇們、庄民都稱他「剁三刀」。至於這個綽號的來由，卻沒有誰淸楚。

「剁三刀」是五短粗壯的中年漢子。四方臉、尖鼻子、小嘴巴；直豎衝天的硬髮，配上滿臉虬曲的鬚髯。圓圓巨眼上邊，居然不見一根眉毛，卻在印堂斜側雕兩道暗紅的刀痕……。

據說他是直接從「唐山」來的，而且還是劉銘傳的逃兵。又傳說是北部的獨行盜，妻子被先住民所殺，這才投身當隘勇哨官的。不過據說他有一個十幾歲卻長得高頭大馬的兒子。

又有一種荒唐傳說：他實際上是個先住民，或者有先住民的血統。他能聽懂泰雅族語，他又有一身高明的拳術。這是隘勇們都知道的。

在這羣人當中，還有一個奇特的人物：邱梅。他是唐景崧的「撫轅親兵」。

當唐大總統逃離臺北城後，搶劫庫銀的游勇和各路散兵相遇，於是互相搶奪殘殺，進而搶掠民財，結果死傷人數比戰場上抗日陣亡之義士還多。

邱梅在半年前才把妻兒接來，安頓在一個租來的巷屋裏。不幸妻子被殺，幼兒不知去向……

日軍入城後，他和一批撫轅親兵一起南下逃命；起初被總兵傅德生所收編，在新竹失陷後，他又加入楊載雲的新楚軍；尖筆山之戰結束，他又逃到苗栗；很意外地竟流落到南湖來了。

——現在南湖街庄既不能安頓，柯山塘在衆人贊同下，決定撤入「淋漓坪」部署抵抗。至於加里合彎社的男女老少，卻先一步全部撤離社落，爬上馬拉邦山，投奔馬拉邦社去了。

也就在這時，日軍在一個小時之內，占領了南湖庄。除了焚毀大半民房和殺死二、三十名住民外，並未擊殺一個「土匪」。

柯山塘的人馬，正式和先住民聯合結盟了。他們決定誘敵深入，然後在馬拉邦山上決戰。

他們經過「聯合作戰會議」，決定作戰計畫與兵力部署。首先他們共推得磨波耐社酋長「北都・巴博」爲總指揮。得社，是本地區——包括臺中以北——各社羣中，戰力最强、戰士最悍的社羣。

北都是野心勃勃、精力超人的年輕酋長。他是上一任的獵鹿冠軍，他的「喀布剔密」——長柄戰刀——刀鞘上掛著十二蕞茸茸頭髮，這是獵獲十二顆敵首的光榮標幟。

這是臺灣三百年歷史中，最奇異的史實，不可解的謎團；臺灣土著，竟然和歷來誓不兩立的後住民結盟，出戰共同敵人——入侵者。

3 勇鬥黃頭兵

馬拉邦山，是中央山脈大雪山的支脈，南北走向，坐東面西，橫跨在大湖關刀山和卓蘭大克山之間，北側是小邦山，南側是武榮山；前段又稱大邦山。山頂稱爲「大崠」，標高一千四百零七公尺。

大崠的東側是千丈絕壁。絕壁東側一條陡立險坡就是「爽文坡」。據說當年林爽文兵敗，曾經逃到這裏的。在絕壁底下，是大安溪上游；由聳立半壁的蘇魯山，到東端千兩山，司馬限山，細道邦山，盡尾山之間，全是先住民泰雅族社羣的地區。

對於整個戰場，以及敵我情勢審察後，北都作了如下的安排：

接卡·久因率領族人把守北側小邦山，不讓敵人由側面發動攻擊。

柯山塘所部二百多人，守在大邦山與馬拉邦主山之間的平闊腰眼上——這裏稱爲「下湖」，在這裏以槍械射擊給予入侵者第一場痛擊。

吐魯·哈魯率領三百名族人扼守大崠的山麓，即馬拉邦山的胸膛部分的平坦草野上——這裏稱爲「上湖」。在這裏準備以肉搏克敵。

北都的主力軍四百人，死守在馬拉邦主山和山頂大崠間的稜線附近的草叢中——稜線東側是千丈絕壁——給予漏網前進的來敵殲滅性的打擊。

至於馬拉邦社的同年，由於是戰場主人，該由酋長莫・拉邦統率，負責供應飲食和補充攻防器材。

「邱兄：你看妥當嗎？」柯知道邱梅也是大行家。

「在下湖打第一陣排槍，我贊成。」邱梅想想才說：「上湖的硬拚不好——我們是以弱敵强，以寡擊衆啊。」

「你的意思？」

「我想：分段截擊，分散敵兵，然後利用地勢，來一個個別狙殺。」

「呵呵！」柯山塘笑了起來。

「然後，採取迂迴作戰，遊擊滅敵……」

「男人！男人要正面打！」北都和莫・拉邦卻都不贊成。

「他們不懂，我們自己來。」邱向柯說。

「不行，至少我要和他們同進退，怕他們疑心。」

「那，我個人可要照自己的方式幹！」邱梅說。

戰機，逐漸成熟。農曆十二月二十五日，日方正規軍進駐「淋漓坪」。這一夜，氣溫卻驟然下降數度。次日拂曉，黃頭兵約一排人搜索登上大邦山。

因為溫度陡降，大邦山的霧濃重得化不開。不明地勢的入侵者，第一波三十多人，很快就被邱梅所率一批狙擊手「做掉」了。

邱梅的武器，是一條兩臺尺長短的粗麻繩，兩端繫牢在五寸長木柄上。他像幽靈般出現在敵人背後，以麻繩往獵物頸上一套，然後自己轉過身子，雙手猛地一收，獵物懸空給「背」在他高大的背板上；只要半分鐘，黃頭兵就變成「烏頭蟲」啦。邱梅把擄獲的新式步槍交給大家，並說明用法，然後要求大家採用遊擊狙擊敵人的方式戰鬥。

可是一陣山砲的震天巨響傳來，山地的强悍武士竟嚇壞了；一些未聽過砲聲的平地義軍也躲了起來。

北都和莫·拉邦連袂巡視各處陣地，並攜鹿肉、糯米酒犒勞一番；另外是分發老薑塊給大家；要求砲聲響音起，或隔陣對敵時刻，個個口咬薑塊，這樣能夠壯膽，又可阻止驚慌呼叫……。

這個晚上，莫・拉邦提出「摸營」的建議——這是先住民的看家本領，主意一出，北都十分贊成；邱梅反對他們以指揮官身分去輕率冒險。柯山塘不敢異議。

於是柯和北都、莫・拉邦三人，率八、九個先住民下山行動。大約午夜過後不久，北都一人最先返防；北都左腿肚鮮血直流，顯然受了不輕槍傷。大家正在驚慌中，柯和莫也都安全回來了；另外還有六個先住民一共帶回四顆敵首……

第二天敵軍學乖了，直到雲霧消散才在山砲掩護下，以約二百名步兵，向「下湖」地區猛撲——他們的幾門山砲，居然在一夜之間，推上半山腰來了！

「下湖」是一塊馬蹄形朝向山下的平地；前低後高，像一把太師椅子。這裏是柯山塘的槍兵鎮守之地，這裏是迎敵面最大的地形，可以發揮猛烈火力之效，但也立即承受全面的攻擊。

雙方一經接觸，黃頭兵第一波全倒下了。那是縱隊突入的形式，敵方損失雖重，但是義軍的陣地反而成為展開的巨靶，任由敵人肆虐。

「啊呀！」許秀官被擊中頭顱，這位柯多年倚為軍師的怪傑，就這樣殞命了。

義軍傷亡極重，而且無法互相救援，有些人驚惶失措中，紛紛轉身往後山轉進。

「不許退！不許逃！」柯山塘怒火攻心，不覺站了起來。
「剁三刀！蹲下來！」尤春木及時提出警告。
邱梅更快，身子一閃就躍到柯身旁，硬把他的身子按壓下來。
「設法撤離戰場！老總：守不住了。」
「不！我要戰死在這裏！」
「不好。打機遇戰，迂迴取敵才對！」邱梅冷靜得很。
「邱兄！」柯巨眼圓睜：「你幫我招呼大家設法脫出戰場！」柯轉向多年夥伴尤春木說：「我那唯一血脈柯乞食被我强留在劉阿漢家——你知道的，如果你不死，請多多照顧……」
「老總……」
「我早就作決定了——」柯不再答話，舉起左手扣動扳機，一個衝上來的黃頭兵應聲倒了下去。
大批敵軍已經迫近，到處瀰漫著藍色硝煙。
尤春木本能地，不覺轉身往後爬攀而逃。邱梅還伸手去拉柯山塘。柯厲聲說：讓我死得其所吧！

「留得青山在……」

「沒有青山了！」柯鎭靜說：「這就是我剁三刀絕命的地方。」

——砰！砰！砰！

邱還想動手拉人，他卻以凌厲目光迫止邱。他拋下手上那搶過來的新式步槍，騰身從埋伏的石堆跳出來：身子一彎，再挺身時，左右手手指間已經各夾著三隻薄薄的飛刀……

「原來老總是善用……」邱身子打旋，一個配合地堂腿的身法，人就離開老總三丈開外。

槍聲倏然息止了。清一色的黃頭兵紛紛現身：十幾個人把剁三刀三面圍了起來。

「投降！投降稀咯！」

一羣黃頭兵持槍步步逼近……

「哈哈！」剁三刀一聲長笑未歇，身子突然彈離地面，就在懸空瞬間，拱腰彎背，雙手猛划弧形，然後向前陡地揮出——六縷銀白閃動，接著六個敵人旋身倒下……

其他敵兵還未反應，剁三刀，身子又打彎，然後挺直，左右手上又各夾三把飛刀……

——砰！砰！槍聲響起，剁三刀的六把飛刀也同時出手。

「呃！」剁三刀肚腹間中了兩槍。

這一次又有四個敵人中刀；倒下或蹲下，然後翻身躺下。

——砰！砰！又中兩槍。但是好一個剁三刀還是摸出兩把飛刀……

一個矮壯黃頭兵，像一隻黃色惡犬，一挺刺刀向剁三刀猛刺；不偏不倚，刺刀刺入心窩；剁三刀毫不含糊，圓睜巨眼，以最後一口氣擲出飛刀……

「呃——」灰黃惡犬只厲叫「半聲」，喉管割斷，鮮血直噴，身子撲跌在剁三刀身上。

剁三刀倒地的身軀，倏地一轉，居然擺開敵人屍體滾開一尺左右；好像死也羞於和敵人接觸似的。

這時，其他黃頭兵被震懾住了，呆呆地愣在當場。

「剁三刀，難怪他叫三刀……」邱梅喃喃而語。

…………

4 血染「天門」

農曆年二十九，是一個無風而酷寒的日子。最後的時刻到了。

前此，馬拉邦的胸膛——「上湖」之役已經結束。蘇魯社的吐魯・哈魯酋長中傷被俘；麾下三百名戰士傷亡過半，能逃的，從「爽文坡」往千丈下的大安溪溪谷逃命去了。

率軍防守小邦山的接卡・久因陣亡，小邦山已被占領，而且迅速往馬拉邦主山接近。

這時，整座馬拉邦山到「上湖」爲止，全落入日軍手中；各社以及柯山塘留下來的兄弟們，現在都集中在「大崠」山麓；這裏和「上湖」之間，是一片「箭竹」、「蘆蕨」（羊齒類植物）的密林，這時正好把敵對雙方間隔分開。

「同年：要要要！要……」莫・拉邦睜著血紅雙眼，拚命吁氣。

「殺！殺下山去！」北都拐著左腿，直擂胸膛。

「我看，我——大家，同年：大家想想。」邱梅說。

「貢要出戰，貢不怕死！」

「不要戰死。」邱找最簡單的話把道理說明白：「留下命，不要死！下次打！」

「不好。同年！馬拉邦完了，莫・拉邦是大酋長，要戰死！」

邱梅安撫他們，要求他們讓他研究一下地形，然後大家再拚命不遲。

從這裏到大崠山頂，是密集的小灌木林地區。地勢越往上越陡峭；左側固然緊鄰千丈絕壁，右側也如刀削，而且長滿長刺的黃籐尾梢，和灌木糾纏如巢，野獸都鑽不進去。

這樣一來，那兩臺尺左右的山脊稜線是上山唯一通道了。更奇怪的是，接近頂巔三十多丈最陡峭處，那狹窄稜線斷了——前面迎臥一座十丈寬二丈高的紫灰色巨巖。

「這怎麼上去？」邱梅一愣。

「那，那……」一位先住民指引他往前看看。

原來巨巖中央靠右近丈的地方，竟然有一道猶如刀劈的凹口——走入凹口，原來巨巖有七、八尺厚，凹口外一個旋身空隙前面是千丈絕壁，但往右一拐，卻是通往頂巔的小徑。

「聽說，這裏叫做『天門』，也有人說是『石門』。」老隘勇尤春木說。

「天門」是鬼斧神工天然奇蹟。邱梅感嘆之餘，一個絕妙計策已經浮上心頭……

他把自己的主意告訴兩位酋長，然後立刻要求各項行動。

一、除五十名精壯戰士外，其他人員透夜由爽文坡撤退。

二、撤退人員人手一個火把——讓敵方疑懼不安，這樣明早必來查探，這樣便正好中計。

三、將破損器物用品等散置當地，誤引敵人作我方全部逃脫或撤退的判斷。
四、五十名精銳戰士埋伏天門之外，派六人為一組輪班躲在凹口左右……
「哈哈！賁知了，知了！哈哈！」莫・拉邦捧腹大笑。
「我猜，黃頭兵天一亮就會來——就會來搶攻，讓我們措手不及。嘻！」邱判斷敵情說。
這是一千三百多公尺的山峯上，幾乎要凍死人。幸而馬拉邦社的人給準備了禦寒妙品：少量糯米酒和熱薑湯。
於是這羣被目為土匪加上「生番」的抗日義士，便以懼怖摻雜興奮的心情，藉著烈酒強辣抗拒酷寒，悲壯而無奈地等待敵人的進襲。
這是一場足可流傳永遠的殺敵奇招：「六人小組」責任重大非凡，邱梅決定親自出馬執行。
「很快！眞的很快！鎭靜地等，不要發抖——快了！」邱梅說。
果然，在最冷最漆黑的一瞬之後，大崠背後，撒下一絲銀網似地倏然灑出淡淡的灰白亮光。就在這時，那狹窄稜線上，冒出一前一後兩個影子。

「來了。」

「怎麼辦？」

「別怕。就這樣……」邱做示範動作，把一條巨繩放在天門凹口內側，左右各兩人捏緊繩頭；當敵人越過繩索時，猛地提起繩索絆住敵人小腿，然後往前一送……

「好，好，好……」一組中，四個先住民，奇怪的是，在這生死同命時刻，他們竟然都聽懂了他的話。

情況，如邱梅的算計。矮小但十分精悍的第一個獵物，經易地被絆住，然後跌倒下去；就在這跌落的同時，一把「喀布剔密」朝脖子一揮；獵物未發一點聲息就滾落千丈絕壁之下了……

接著，第二個獵物到達，第二個也是一提一拉一揮就解決了……。

停了一陣子，有敵人撲上來，這次是三個；第一個解決了，第二個解決了。

「喲唏！」第三個回頭招呼一聲，突然腿一軟……

大崍後面已經朝中天射出灼灼曙光。這由背後輻射的强光，更是最好掩護；敵人始終未遇抵抗，於是更大膽前進了……

「逗嘎？」站在稜線的黃頭兵查問情況。

「喲唏！」邱梅靈機一動，學他們哼了兩聲。

「嘿！」這回黃頭兵衝得太急，竟一腳落空，「自動」跌入絕壁了。

「逗嘎？」又來了。

「喲唏！」這邊幾個人同時回答。

就這樣，黃頭兵一個個被絆住，砍掉，推落絕谷。大概做掉近四十個黃頭兵吧？

「哇呀！」埋伏著的先住民那邊，突然傳出驚叫聲。

「呀呀！酷拉因！酷拉因！」

尤春木是老隘勇，他聽懂了，原來先住民看到裝束一律的黃頭兵，一個砍翻又補上一個；他們以爲是「酷拉因」（魔鬼）——殺不死的酷拉因！。

「唉！天意嗎？」一面對鬥志全失，向爽文坡狂奔逃命的先住民，邱梅不覺仰天長嘆。

邱梅和尤春木等，也匆匆由爽文坡那邊逃出，經蘇魯山，下陡坡進入大安溪上游的窪地，這裏已經是大峽的千丈底下了。

據說，莫·拉邦沒有逃走。他潛回原來的社落，那是他們族羣祭典的地方。這位和北都

・巴博齊名的大酋長，先是中槍，然後和黃頭兵肉搏時腰部被劈一刀，腸肚迤地而氣絕的。吐魯・哈魯，在傷癒後，被日軍處死。至於北都・巴博，卻因腿部槍傷，傷發而亡。一世英雄如此隕命，一定死不瞑目吧？

慘烈悲壯的馬拉邦之戰結束。加里合鸞、馬拉邦、蘇魯等三社房舍器物，事後被日軍燒得盡淨；居民，尤其年輕壯士死傷過半。

然而，這是他們的大地，他們的血，他們的軀體，和這塊大地合而爲一了；大地不沉淪，他們是不能被消滅的。隔一年，一八九七年，明治三十年，他們又壯大了，九月間，加里合鸞社的人把大湖主事「補福山登」氏殺了。臺灣總督乃木希典遂親自來到南湖籌謀對策。這又是另一段血淚史跡。

附　言

爲了寫作本文，筆者又再次爬登馬拉邦山，並雇請嚮導同行。這是登山界訂爲「中程山」的登山好去處。這天登山的人，居然在六百人以上。

這次查訪居民時，在七十四歲的老村長處，得到一段祕辛資料，值得補記一筆：柯山塘之子柯乞食；在一九一四年「羅福星事件」中，是南湖地區的負責人，被命爲「千長」，本地區，在柯領導下，參加者有十八人，號稱「十八羅漢」。事後柯判無期徒刑，其他各判三至十年不等。可是在「羅福星革命案全檔」中並無他們資料，有關當局亦未曾給予表揚。這件事，他們的後代迄今還是憤憤不平。村長邱羅松老先生正是「十八羅漢」後裔之一。當地一位黃老師也一再要筆者爲他們「伸張」一番。茲借此一角臚列義士們，以及現有子孫的姓名於后：

柯乞食：無後代。周阿登：孫、周德順。賴立傳：孫、賴錦發。黃光雲：不明。劉尙文：子、劉阿振。詹阿定：孫、詹顯鑑。徐火秀：孫、徐進祿。劉阿登：孫、劉德麟。邱阿增：子、邱羅松。吳阿城：孫、吳慶明。吳新權：孫、吳慶祿。徐生連：孫、徐順艮。劉阿古：曾孫、劉傳興。黃阿石：孫、黃登興。彭艮天夫婦：無後代。湯阿讚：不明。徐阿雄：孫、林添其。廖阿水：孫、廖貴。

又：本文情節，曾參照拙著《寒夜三部曲》一書（遠景出版社出版），特此註明。

水鬼・城隍

庚辰鬼月初一，任職楓城城隍剛滿三月的林淡水「地前菩薩」，竟然向幽冥地藏王菩薩堅辭職位掛冠求去……

「？……」地藏王菩薩慈眉微揚，悲眼凝睇，似有似無地一嘆。

「卑職願回東河橋下潛修大道……」林淡水悚然不敢仰視。

「汝身在『三賢』之位，掌理楓城兩界生靈，爲何求去？」

「卑職心性不宜爲官占位，此城隍重任實……實……」祂實無辭以對。

「再去東河橋下當水鬼？哈哈！」地藏王笑聲十分奇異：「水鬼是要找替身求往生的，祢又要去破壞千百年例規嗎？」

「卑職……卑職只是……只是潛修大道，只是相機救助生靈……固無論人類或禽畜……」

「……此舉乃我冥界未有之事體，咱家待與酆都大帝參詳後方能定奪決策……汝暫且在位盡職就是！」

城隍爺林淡水再拜而退，祂明確感受到百十雙眼睛緊緊盯住自己的背後；祂遂疾步離開，回到任所大殿……

林淡水的修行果位是「地前」菩薩，所謂「地前」是：修菩薩大道的佛子，在完成一大阿僧祇劫的修行，到達「初地」之前，是「凡夫的菩薩」。至於「地前」之後，也就是「初地」之後，再修十地而滿二大阿僧祇劫的修行，那就臻至佛果的至高境界。

所以林淡水算是菩薩預備班的學員，這個果位正好擔任府或縣的城隍老爺。目前祂在苦修十住十行十逋迴向——三賢位的高段位之上。

可是擔任城隍三個月以來，祂已然心浮氣躁，道心搖晃大有不勝艱辛之感。在三個月之前，祂專任幽冥地府「查察司」之職三載；在此之前卻是一名「水鬼」……

在小千世界地球之東，南瞻部洲東南一帶，以及海東臺灣地帶，在百年前出現了一位救人的水鬼，那就是林淡水氏。

依冥律的「不成文」法，凡自盡而歸陰的魂主，在幽冥三年間，歷十殿閻王的深究一生行誼，完成算帳還債或賞或罰之後，不能像其他老死或夭亡的魂主再入輪迴經歷生界；祂必須回到自盡之處，等待人間再出現同樣的死者，也就是找到「替身」之後，才能往生人間。這個曲折行程，幽冥間神祕管道的傳遞，人間早就知悉……

百餘年前，林淡水在人間是一個年輕的牛販，算起來林家來臺，淡水是「二世」。換言之，他是在臺灣出生的第一代子孫。

林父兄弟四人，來臺之後因爲是赤手空拳，卻有一身耕稼本事，所以就如其他多數來臺人士一樣，找一家富農寄身擔任長工維生。

淡水排行第三是屘子，在他十八歲那年，林父兄弟四人同時租田佃耕，由永無出息的長工進步到佃農的行業，可以說是刻苦有成了。

因爲兄弟四人協力打拚並未分家，所以兩年後就積蓄了些許家貲。這時林家長兄提議購入幾甲荒地山園開墾，林父卻主張在後輩子侄中挑選一、二人試試從商。

林淡水從小聰明過人，嘴甜舌滑，深得叔伯長輩喜愛。在他知悉父親意向時，極力要求讓他一試身手。

在當時所謂「從商」，在欠缺龐大資金的人來說，只是指走方販布，挑擔走賣常用家具，跑單幫買賣山產番產，以及「牛販」幾種而已。

其中最令人羨慕的是「牛販」，因爲牛販可以行走整個臺灣島的北、中、南部，看盡各地繁華光景，而且獲利豐厚。不過，「牛販」不是一種簡單行業，它需要絕對高明的識牛眼光，以及涉水跋山的壯旺體力。理由很簡單：牛隻的健壯病弱、年齡習性的判斷是專門技術，而利潤厚薄全看南北距離遠近來決定的；一趟「趕牛」，短則半月多則五十、六十來日，其間爲了「安全」，幾乎都是草行露宿的，烈日當空，牛販要陪著牛隻消受，苦雨寒霜，也得跟衣食牛爺同享共嚐。

另外，最讓人提心弔膽的還有二樁：一是牛隻萬一遇上時疫暴斃，那就血本泡湯，假如牛隻交給買主三個月中死亡（外傷除外），牛販得理賠半數，這是本行規矩，二是「趕牛」途中，牛隻走失，或不幸遇上牛强盜，那就立即傾家蕩產了。

淡水得以實行願望是他另有淵源：他的三母舅正是臺灣中部有名的牛販，年紀大了，正有歇業的意思。淡水外甥有此「雄心」豈非可喜？如此這般，淡水成了三舅的販牛徒弟，跟隨一年左右，憑他的聰明專注，加上三舅悉力栽培，很快地他就可以獨立作業了。又經一年的歷練，他竟然成爲附近幾個村堡最大的牛販。當然獲利之豐，已足足可以仰事父母俯蓄妻子。

二十三歲這年，是他出道滿兩年的時候，在溽暑時日本地第一季稻子收成，正準備夏耕的時候，各農家的耕牛突然紛紛倒斃。原因不明，事態卻十分清楚，第二季作將受重大影響。

這個災難，卻是牛販發財的絕佳機會。

年輕牛販林淡水已經訂婚，打算入冬結婚。他一看大好機會來臨，決定好好撈上一筆。他甚至於私自盤算著：這回賺一大筆之後，或許可以在東河橋頭石牆村開一間雜貨舖子，擁著新婚妻子「坐著賺錢」豈不爽快？

心意既決，他便決意全力以赴。

平常，選購一、二隻耕牛，他是到東勢牛墟選購的。「東勢牛」身材較小，但四隻粗短肌肉結實，售價比較便宜，一般小農家視爲好貨色。

這回牛瘟流行，「東勢牛」很快就缺貨了，牛販們不得不趕到全臺最大的牛墟——嘉義去發財啦。
林淡水想：需求量大，後市價格必然高昂，而且可能缺貨，或者最後贏牛病牛出檻，那才冤枉。
這樣一想，他決定孤注一擲，一批就選購十隻耕牛趕回來，預計做三次，賺的錢就「夠」啦。
一次趕十隻耕牛，必須要有三個助手幫忙。這一點不成問題：那些堂兄弟平時看他風風光光地來去自如，早就直吞口水；現在要他們同行，而且許以優厚工資，豈不老少皆大歡喜？
至於資金方面，第一批十隻勉强湊合當不成問題；因為賣出十隻牛不可能隻隻付淸，必有賒帳，第二批就得向叔伯父們調現了。好在這幾年賺錢有目共睹，而且打算付給動人的高利，這樣一盤算，看樣子是順風揚帆，只待他起槳下水了。
一切果然全在計算之內。兩位堂兄弟，外加一位小玩伴阿艮，四人組成的趕牛夥件，在預定期間內趕回十隻粗壯健旺的水牛——耕牛，並且在三天之內全數被人牽光。
他們帶著收回的部分本利，以及向叔伯親戚借貸的款子，晝夜不停趕到嘉義牛墟。這回買下十二隻——依上次的經驗，每人控三隻牛的行止，不如放長繩以「羣行」的方式集體管趕更爲方便；既然這樣，四人管趕十二隻當不成問題。

又是很順利的行程，比預料的時日提早一日半趕到本縣地界。

這天牛羣過了臺中，越過豐原后里平原，到了三叉「火焰山」山麓時，天時驟然暗了下來。回頭一看，西方海天交接處卻流動一片血紅的殘霞。

「會是風颱喔？」阿艮大驚小怪。

「嗯……」他心頭有一絲不安。因爲這異象確實像是暴風雨的徵兆。

「強趕，明早就到達莊裏啦！」

「不好。萬一深更半夜風大雨急，牛羣一驚走散，仰般去尋？」

商量結果，拿定主意就在「火焰山」麓找一朝南的凹窩宿一夜避避風雨。淡水有些心慌，不過想想四個大漢守護著，倒也不必太過擔心才是。

入夜之後，暴風狂雨來襲，在午夜之前人畜被捲入昏天黑地之中……

他們把十二隻牛的繩索結連在一起，又拿一條巨繩套牢每隻牛的脖子，然後串連互牽，讓牛隻不致單獨脫隊，或哪隻蠻牛發性，戳傷同伴。

「不會有人趁風雨來偷牛吧？」堂弟十分害怕。

「烏天暗地，伸手不見五指，風會抬走人，誰敢出來送死？」淡水老神在在地。

「就怕山水太大，突然湧下來，人畜都去見海龍王囉。」阿艮的嗓音抖得很兇。

「屙你個痢肚！有屎唔會屙！」淡水大怒而斥。

實際上淡水的心境何嘗輕鬆？萬一……萬一……血本無存還要背上大筆債，把家當連同姐妹賣了也不夠賠哪，那時只有一條路可走了……

「……」無人再開口。風雨掩蓋了一切。

好漫長的漆黑之夜，呼嘯的風雨似乎把日頭給吞噬了，所謂「人間」也消失在幽忽緲冥之中。很奇怪？怎麼該天亮的時候了還是一片漆黑呢？是的，每個成年的莊稼心頭都有一隻奇妙的「鐘」，無論晴雨風霜。它準時會促人睡醒的；是十足日出辰時了吧？就是天地依然一片昏黑……

全身早就濕漉漉而水柱直流橫流了，腳掌上的水漿似乎不斷往腳小肚漫浸……

「這裏，山麓坡地哩，怎麼會是積水上升？」好奇怪。

——嗚！哞！哞！牛羣騷動起來，不安地哀吼起來。

牛是笨拙的生物，可是牠有屬於牠所專有的超靈的感應能力；難道牠們感應到什麼最大的危機嗎？

「哇？啊……」幾個人同時驚叫起來。

因爲腳底下怪怪的；腳底下好像踩著什麼滑溜溜的東西；不，是腳底下的「地面」在挪動！

——喃……呼……噺……

同時奇異的低沉聲響從四面八方升起，「壓迫」過來。是的，那是帶著萬鈞重壓的聲音猛然壓迫過來，那是絕對無法抗拒的壓力，那是從未承受的異樣感覺……而腳下的大地移動的速度加快了。

「阿母哀喲！」幾個人又同時尖聲驚叫。

「阿母哀」是客家話中斷魂前的共同語言，他們不知道發生了什麼巨變，但大家都了解這是要命的時刻。

風雨仍然很大，一團朦朧的亮光卻已然在斜斜上空升起。

他們驚魂已定，四周景物大致可以看清楚了；淡水第一個清醒的意識是：那些哞哞哀叫怎麼被轟轟浪濤聲淹沒了？那——

「牛！牛呢！牛隻呢？」

「啊！牛……」

是的，眼前已然不見一隻牛的影踪。

已經很完全可以看清周遭景物了，雖然昨夜在入晚時刻並未看清楚置身的山麓情況，但現在站著的地方離開山麓至少有百丈之上。

「啊！『行山』！是行山哪！」阿艮開口說。

實際每個人心裏都了解；這回是遇上傳說的「行山」了。由於大量雨水的滲透，欠缺根羣堅强植物的丘陵坡地；如果底層又是具有斜度的岩塊，在「地層水」匯集過多的情況下，終於整塊丘陵坡地滑動了，滑移到比較平坦的地方。這就是「行山」的地變眞相。

這裏是「火焰山」山麓的荒涼坡地，「行山」來得很平常，不幸的是這羣借款購進的十二隻水牛走失了。

笨牛，被人類穿鼻掛上繩索，可是大難來臨時，本能驅使牠掙扎逃命，迅速的脫繮而去。

不幸的是，這塊「坡地」竟然「行山」到臨近巨浪滔滔的河畔（大安溪）五丈之內的地方。如果再往前「行」三、五丈，四個莊稼漢全會成爲水鬼；而現在十二隻水牛失了踪跡。事態至爲顯然，十二隻水牛被洪水吞噬了。

經過幾個小時的冒死尋找，他們在數十丈外的下游找到一隻走失的牛，可是卻是一隻溺死的牛——這隻牛未能掙斷繩索，而繩索纏在一根漂流木的一端；這一端插入漲起的河畔石縫裏。他們找到時，這隻可憐的牛頭部插沒水草中，龐大的身軀浮蕩在小小灣凹上。

年輕的林淡水損失全部牛隻，年來所賺的銀子；另外擔負了叔伯給予的借款，連年底結婚的計畫一起幻滅。

心理上，他承受不了這種沉重打擊，而事實上，他負擔不了這麼多債款。然而他無所選擇，他無處可逃。

「好不甘心！」

「我好恨！」

「天公太狠了！什麼天公？什麼神佛？什麼……」

最後他把所有怒火怨恨全指向「命運」的不公上，而命運是神佛所玩的把戲。至此，他的恨又全凝結在主宰命運的神佛身上。他想：

我什麼都沒有了，又能對我怎麼樣？我就不敬畏祂，不拜祭祂，祂能怎麼樣？

他驀然發覺，失去了一切，就是最自在自由的時候，因爲這時什麼都不怕，都不必理會，不必牽掛，不必負責……

可是，一旦冷靜下來面對生活現實，他又頓然心肺俱裂無法承受。

在模糊的意念中，「一了百了」的聲響開始若隱若現。可是心中另一個意念也一直抗拒著它。

首先他想出最簡單的方法是逃。逃債，逃出這個傷心地方，可是父母呢？林家一族人如何抬起頭來呢？何況父親的爲人他最明白，他會毀家蕩產還清這筆債的。

「那就落草當强盜！」

可是他不能。他怕看到流血，更不會去殺傷人；他知道自己沒有這個「氣魄」。

這樣想下去，那股怨恨與懼怕就更堅韌更强大，而也更集中在神佛主宰上啦。

我要怎麼辦？我要怎麼向神佛討回公道——我們林家代代清白，我林淡水二十幾年生命清清白白，爲何讓我承受這個罪？說前生？呸！前生？前生和我這個林淡水何關？他心裏大聲叫喊，他希望神佛能夠聽到他的憤怒怨恨。

可是蒼穹漠漠，神佛默默。他欲哭無淚。

「我怎麼樣才能找神佛討公道去？」他想。

喔，是的，他知道。唔，唯有那樣才是一了百了。才能面對神佛，向祂們算帳……

他的念頭終於歸集到起初的原點上——死！

死的決定，乾淨而簡明。難的是決定的過程。現在過程已了，他很快就實行了。

他在這天傍晚仔細地沐浴淨身一番。晚餐推說肚子不適，不吃不喝就上床假寐。

他想到訂了婚的那個女人，可是他立刻擺脫這一線思緒，可是擺脫不了。他趁家人不注意，去找阿艮。他要求阿艮告訴伊；他心裏早沒伊了，要伊死心。至於手續上，他早已留下文字證物，將來雙方家長公開一聲就是了。

「淡水哥，你要去哪裏？」阿艮大概有些感覺吧。

「遠走他鄉！很遠很遠……」

「逃……逃債？」阿艮傻笑。

「嗯。不要跟人說喔！我走了。」

「喂！到底逃到那裏？同我講啊！」

「唔……這樣好了；明早，日頭出時，你到東河橋上等我，我同你講詳細行程——總要有一個朋友知曉，對不對？」

「現在講不好嗎？」

「不好，怕你……我還未走出莊子你就到處……」

他回到家裏，全家大小已入睡。到了近午夜時分，他悄悄起來給「阿公婆」——祖宗神牌插上三炷香，跪拜之後躡足輕步，推開籬笆門，朝東河橋走去。

已是秋殘冬初的季節，中臺灣的夜空深藍潔淨，點點星光，分外明亮。

半個小時後來到東河橋上，橋下的流水，在寂靜午夜，那「嗬嗬」渾厚聲響分外動人。在橋的那一邊就是迅速成長中的市鎮了。原先是打算婚後就在……哼！想這幹什麼。他提醒自己。

心中那股濃烈堅硬的憤恨呢？奇怪？竟然感覺中是那樣遙遠而淡輕了。

可是，他並未再萌生一絲活下去的意志。

他似乎未作任何遲疑的停滯——站在橋中心略一抬頭瞥一眼秋夜的星空，就輕輕一躍跳入預計最深的河水之中……

「波波……波……」

一陣輕響，幾個大大的波紋，然後幾個小小的漣漪，之後河水依然悠悠流去……

❊

林淡水一縷年輕的魂魄，悠悠忽忽脫離肉身，然後杳然奔向黃塵滾滾的西行大道。但見路人個個低首疾走，或悶哼或呻吟或幽泣，眞是一段悽慘行程。

路面是黑的，空中盡是黃沙，不見日頭月光，但有一團黃灰光暈自路的那一段輻射而來。

「這，是黃泉路了……」他想。他靈臺一片清明不爽。

我是投身東河橋下而亡了。

我是多麼怨恨，我不甘心，我不該受到這種橫禍，因爲我二十一載生命是多麼簡單乾淨……

這是他心中唯一的意念，就憑這縷明確堅韌之念，使他毫不遲疑毫不惶惑地奔向幽冥地府。

就像人間傳說那樣，他在離開陽世的第七日，來到專司人間壽夭生死册籍的「一殿秦廣王」前。

他是懷著不平之怨恨「自動」來幽冥地府的，他的目的是質問「有權」的神佛；何以如此不平待他？他的怨恨之氣難消，他要討回公道。

意料之外的是，他經由「孽鏡臺」的淸查之後，立刻送解到大海之底正南方沃燋石下的二殿——楚江王管轄的「活大地獄」……

——原來林淡水祂對於生命界的種種，存在界的律法起始就存著一個重大誤解。

實際上，生命起始的動因乃在自然的緣生，旣非意志的結果，也非神佛所算計；生命現象在無始的因緣中「自然」呈現，那是神佛也無能爲力的。

因而，每一個生命的主體「我」就要負起生命之初因與終果的全部責任；凡世人間因果報應的機械化說法，那只是方便法門，用以力勸世人去惡行善罷了。

生命，不幸的事實是這樣，所以不幸的生命是如此地無奈。不幸而無奈的生命，其「責任」旣然全在主體「我」自己，不幸與無奈的解脫也唯主體「我」自己所能了；生命不幸與無奈的解脫，那就是呈現生命莊嚴的時刻……

這是林淡水的寃魂怒魄經歷三載「活大地獄」熬煉後的悟解，至於剛到「焦渴小地獄」、「灰河小地獄」時，他卻是恨上加恨怨上加怨。

因爲「吉兇鬼判官」給祂的判詞是：輕生求死就是大罪一樁。生命非來自生身男女（父母），亦非神佛「給予」，更非生命形成後的主體我的意念，那麼生命由自然而「來」就應自然而「去」；輕生尋死既違自然大道（神佛都在大道之內），那就顯然是大大有罪了！

「是這樣的嗎？」他陷入絕對的絕望之中。

是不是這樣？唯有在痛苦中得到解答，吉兇鬼判官這樣提醒後，於是祂在焦渴地獄中，每日戌亥兩個時辰（即午後七時至十一時），祂會一瞬之間時空逆轉——回到故鄉東河橋上，然後接受投水前內心煎熬之苦，驚覺中一躍而下冷涼逼體抑悶窒息掙扎之苦，一直到生機乍絕，肉體拋棄魂魄出竅的生命至痛……

「記住：天地生人，父母養身，社會容受，萬物供奉；汝一無回報，竟敢輕生赴死，那有如此便宜事體！」這是每日戌亥二時痛絕苦絕之後必須再領受的訓斥。

這個訓斥，經久之後卻成爲心靈深處的另一種至痛至苦。

祂，終於知道後悔了。出自生命深處的悔懺，使祂的生命本身逐漸萌生一些化變。

既然深知懺悔，三十五日焦渴地獄，三十五日灰河地獄——受滿七十日煉獄之苦後，依律例可以回到投水輕生的東河橋畔，等待下一個尋死替身，然後送到十殿轉輪王轄下的「轉劫所」，跳入輪迴槽發往四大部洲轉生……

可是，不幸的是，祂那訂婚女子楊氏竟在痛苦羞愧不能自拔之下投繯吊頸而亡。接著生母在祂受滿七十日煉獄的時候，又因哀痛逾恒而死……

凡此這些，點點滴滴都要祂負起一份果報罪責。於是祂再受三年各煉獄的煎熬，這才准予尋找替身之行。

然而，這時祂卻堅決要求永留地獄，不願轉生人間。祂的理由是：人間生命太苦，如果可能，他不願再試。其次：自感罪孽重大，祂要永留地府，爲亡母及楊家女恒誦懺經，增伊福緣。可是司命判官不許。祂說：

「生命的往來，豈是由得汝的？就是我幽冥地府也不得不依天地律法行事者！」

「……」祂清淚直流，哀哉心酸。

「本司已知汝心障早解，一片祥和，往生自是幸福所在，還遲疑作啥？」

「罪魂只是……只是……」

「汝好好體會我言：要知道，生命少不得貪戀，而生命必在貪戀中提升；人間固然是苦海，苦海畢竟有岸，生命必須在苦海中完成！」

「喔……」祂深深品味司命判官的訓誨：生命在貪戀中提升，生命在苦海中完成……。

「另者：汝母雖因痛心汝而歸陰，倒也在大限之內；汝未婚妻楊氏純潔心魂堅貞情愛，此番夭亡，卻也不受貧困之苦，得以往生福德富貴之家，汝不用再自責可也。」

「罪魂願，願意終久勸誦寶卷眞經，替有情世人祈福求恩……。」

「那也去當水鬼再說啦！」司命判官有些厭煩，可是不得不還是提醒祂：「當水鬼找替身，然後轉劫往生。這也是律法。汝不能魅惑凡人投水替身，但也不宜阻止想死者遂願……一切都在自然之中，汝可要謹記在心！」

「……遵命……」祂再拜叩首而退。

於是祂，林淡水在人間的某月某日逕赴前生東河橋下當起水鬼來。

這是在幽冥三年之後，在陽間人世卻是幾個世代的日月。生父叔伯都已壽終，那些兄弟也大都老死或老態龍鍾行動困難；只有少年玩伴阿艮還健壯如牛，看來還可享有好幾年陽壽呢！

奇妙的是，當年那位楊氏的妹子，現在是阿艮的老妻，兩個老夫婦雖然經常拌嘴吵架，卻是「床頭吵，床尾和」恩愛得很。

「那位……那位不知往生何地，如何一種生活呢？」這是心底唯一偶爾浮現的「塵念」了。

啊！人世變幻眞是滄海桑田，荒涼山村，不過是幾十年光陰吧？已然紅瓦換竹屋，四輪有軌怪車（臺車）代牛車載人送貨了！

然而，大地依然是大地，田園依然美麗，痲竹橋改成水泥柱木板面的「東河橋」，比以前更寬敞了。橋下綠水清淨，天光人影淸晰可見；三、兩隻白鵝戲水，還有少婦少女在午間匆匆趕來洗衣浣物。

「爲什麼趕在午間洗衣物呢？」這是很奇怪。

原委很快就揭曉了。祂進入阿艮的夢中，兩人把酒話舊，然後由阿艮口中知道，這裏什麼都好，只是東河橋下很「不乾淨」。

「明明十分乾淨嘛！」祂想不透。

「不乾淨就是……就是有水鬼啦！」

「喔！唔……阿艮，以後，以後不會有水鬼誘人投河了！」祂嚴肅地說。

「哪裏，近年來，每三年一定有一個……記得那淡水哥那年尋死以後……」阿艮雙眼猛地一瞪，好像這才猛然醒悟：「咦？你？你不是淡水哥嗎？你？你……」

「我，我回來……」祂的話還未說完……

「哇！救……命……哇！」阿艮老傢伙像三歲小孩被自己的影子嚇壞那樣狂叫著，接著就醒過來了。人醒過來了，祂跟他的連繫不得不中斷啦。

以後，每當祂想進入阿艮的夢中，阿艮都大叫而醒。這樣一來使祂很懊惱，卻也無法可施。

祂試著設法進入那幾位老哥哥夢中，結果大都也是把人家嚇醒過來。原來阿艮這個傢伙把祂入夢的事一五一十傳遍給鄰里朋友了。

「好傢伙……」祂眞是又惱又好笑，且也感到奇異的寂寞。

人，爲什麼一隔幽明就視若蛇蠍呢？

陰間，雖然是受苦的世界，可是卻多麼單純眞實啊！祂喟嘆著。祂有些惱火了，祂找到適切的時機──日頭被烏雲遮蔽的時刻，或明亮的月夜，祂會故意在阿艮或老哥哥眼前「現身」。那當然是他們落單一人的時候。

祂儘量做得自然，「清淡」。務求不致嚇著他們。可是祂完全失敗，每一次，他們都嚇得屎尿直流，甚至於口吐白沫，倒地昏倒。

不但這樣，村子裏開始流傳難聽的「鬼話」：林淡水陰魂不散，回來作祟了！

「唉！眞是從何說起？」

這是水鬼林淡水的苦惱。

祂是被隔絕的，祂沒有辯白的機會，人，總是不給對方機會的。

祂不再出現在故人夢中，不跟任何「生人」打交道，除了晨昏禮佛勸誦寶經之外，祂負起本地「護法」的任務來，嚇得陽間的宵小惡棍匿跡，驅走附近或過境的野鬼魍魎；另外也幫著人們看守牛羊雞鴨，招來魚蝦蟹鼈。這樣一來，東河橋附近的居民便更加吉祥和諧安居納福了。

祂自然也很愉快，不過卻難免有些悵惘，因爲村民的說法是：

「淡水當水鬼期滿，一定轉世投生去了，所以東河橋下『清淨』下來……」

「我們的河頭伯公有靈有顯哩！年節，大家牲儀可要豐厚一點！」

唉！這又從何說起？每一個適於投水的河道附近，都有等待替身的水鬼在等候獵物哪！我林淡水轉世投生了，不是另有水鬼來接替嗎？連這個道理都想不通嗎？

至於本地的「河頭伯公」，實際上是本莊的轄區福德神的「臨檢站」而已，並非常設專責的名銜。更可笑的是，本莊福德神已出缺多時，原因是這位伯公接受信衆的「許願」：如果保佑他的寶貝兒子做生意賺大錢，到時候報以「豬頭一副」的供奉。生意是賺了，卻是非法手段得來；伯公伯婆消受了一副「豬頭」，案子發了，祂這位正神居然「不小心」犯了「期約賄賂」的不名譽罪名……

「我這水鬼兼差，管了福德的事務……」祂不覺苦笑搖頭。

這種出入陰陽兩界的時間，確是匆匆若矢，不知不覺間，三年期滿。由「東嶽大帝」傳來的旨令：要祂速即找到替身，然後轉劫投胎去，可是祂始終做不到。

第一次機會，是一個失足跌落橋下的學生，看他驚慌絕望的掙扎，想想他長遠的陽壽前程，祂不但不在緊要關頭給灌入幾口水，還揪住他的領口往岸邊一推——硬把他救上岸來……

第二回是決意自殺的少婦，伊滿臉眼淚鼻涕，神智已然十分狂亂。令祂膽顫神搖的是，伊把二、三歲一對子女用背帶綁在橋端榕樹下，伊是心死神槁了，可是一直唸著子女的名字，在臨跳的一瞬，還拿模糊淚眼盯著孩子……祂呼一聲跳上橋面，就在伊騰身而起同時，往伊臉頰連揮兩記耳光。伊不但未能跳下，且跌倒在橋面上暈了過去，這時兩個孩子尖叫號哭，很快就驚動了路人。

婦人獲救了，三天後夫家備牲儀來拜謝「河頭伯公」，祂查清自殺婦人冤屈後，一時「童心」萌起，居然「進入」這個男人內裏——把他當作「生乩童」（臨時）狂跳起來，在眾人跪倒叩拜之際，讓生乩童開口痛責「自己」，然後揮掌把「自己」痛打一番……

「哈哈……哈……」祂大為高興，不覺哈哈大笑。

這件事轟動附近鄉莊，「河頭伯公」更是香火鼎盛啦，不過祂也受了冥府一次不重不輕的警告。

第三次是一羣流氓把一個勒索的對象推下橋去，祂義憤塡膺，忍不住出手救了此人。

第四次是一個特權人物，利用特殊關係，居然把人家的土地權狀掉包，被害人的土地在路邊，是商業用地，這個人的土地是已經捐出去當警局和廟宇用地的部分；這個人竟然能夠在地籍資料上做手腳，然後告發被告人侵占……被告人一夕之間連自己住家的土地也變成對方所有，而自己權狀所載的是公共設施用地！他寃屈難申，越想越恨，認爲人間黑暗而且神佛也不靈，他懷著恨天怨地之心，强迫老婆和二子一女同歸於盡。他站在橋上，聲聲要到陰間找「玉皇大帝」評理……

水鬼林淡水，毫不思索就阻止了這件悲劇，祂讓這個被恨怒之火燃燒的男人，每次要躍入時雙膝都使不上力……

「天哪！不讓我死安哉？我死都不自由嗎？」

「當然不能隨意毀棄生命！」祂正告他。

「這暗無天日的人間，我不想活了，不行嗎？」

「不行！」祂提醒：「汝，更無權利，强要妻子兒女也陪汝送死！」

「那……我自己去死，總可以吧？」

「不可以！」祂想起當年自己所受的訓斥：「生命，不是汝要來的，所以汝也不得隨意拋棄！」

「？……」此人愣住了。

「何況，汝的老婆、子女的生活，汝有責任……」

「可是人間……老天，無眼嘛！神佛，無靈嘛！」

「那些，汝憑什麼問？汝，只負責自己的事，不論什麼命運！」祂只好解說一番：「老天、神佛，有祂的角度，有祂們的時間表，汝怎麼知道？也不必知道！生命的事，不能依賴老天、神佛……汝老婆凍病了，孩子流鼻涕也病了，去，負起丈夫、父親的責任來！」

「可是……我空無一物啦！」

「還有天空，有空氣，有日頭，有清泉；人決心活下去，就能活下去！」

事後，想起來祂就想笑，不是嗎？「水鬼」僭越管起福德伯公的職務來，又還兼做勸善菩薩的差，這算什麼呢？

最後一起是一場鬧劇：起初一羣學生在福德廟背後偷抽菸。唉！小鬼頭就抽菸，這什麼世界嘛！咦？不對，他們不是抽菸，他們把黏巴巴的軟膠，放進透明的袋子裏搓，搓一陣之後湊近鼻子猛吸。這一吸人便暈陶陶好像喝醉酒似的，接著便狂吼狂叫亂扭亂蹦起來，看樣子是瘋了。

「走！我們到橋上去，去跳！」有人提議。

「跳舞？好呀！走！去橋上跳舞！」大家附和。
「呸！去跳河！去跳河自殺怎麼樣？敢不敢？」
「當然敢！自殺有啥了不起？我常常自殺哩！」
是的，這羣小孩確實是瘋了，他們眞的搖搖晃晃往橋上走去。
糟啦！橋下來了兩個「同行」——水鬼……
顯然，祂們是來「搶」替身的！林淡水祂略一考慮就現身阻止祂們。
「喂！各位：這東河橋下，是我的地段，請莫破了規矩如何？」祂冷冷說。
「呵！好大哥，你是老大主人，我們知道，會尊重你，先選一個。小弟等撿剩下的可好？」
「今晚，有好幾個落水呢！」另一個說。
「不行，你們不能越界。」
「可是，好幾個嘛！行個方便有何不可？」
「我說不行！我今晚也不要！」祂表明這一點。
「不要？」兩個水鬼兄弟大吃一驚。

「你們看：十五、六歲年紀，怎麼忍心就奪他小命！」

「他們是自己送死呀！命該如此呀！」

「喲！你這水鬼還眞不找替身，不想轉世囉？」

祂知道無法跟祂們說清楚什麼的。時間已然來臨，這羣小瘋子果然騰身就要跳。祂一急，竟然「現身」出來，以全身濕淋淋的，長髮赤足蒼白凸眼之姿出現在他們眼前。

「哇！阿母哀喲」這一驚非同小可。

「咦？你……你這樣……犯了冥律啦！」水鬼們同樣十分吃驚。

鬧劇結束，吸毒膠的一羣孩子保全了性命，祂卻被控告以破壞冥律之罪名。

祂坦然認罪，但是祂要求服刑之後仍然回到東河橋下當那「萬年水鬼」。祂終於如願以償。

祂的異行傳遍冥界，地藏王菩薩受佛祖之託監臨世間時，發大願入地獄渡救億萬亡魂罪鬼。祂那如海浩蕩眞覺界地裏，某一時刻瞥見林淡水的一星光芒。祂微一凝神便微笑了，祂在地府諸王之前召見了林淡水。

「汝一水鬼孽魂，竟甘受冰寒水獄而作菩薩之行，的確不凡。」

「啊……罪魂不敢……。」

「可是，冥王至尊……」閻羅王另有見地：「水鬼覓替身，轉世有常規，此水鬼……。」

「善哉！善哉！十方三界，妙法唯一；妙法在於無法，存有一切，唯慈悲而已。林淡水一念慈悲法隨行生，行中大道，常規在焉……。」

林淡水違叛冥律之罪一筆勾銷，再三載之後，地府冥王親批林氏為城隍之職。

然而城隍之職卻令祂十分痛苦。

第一樁是日夜消受大量的牲儀葷供。祂委實想不透，何以世人總以殺生，血淋淋的畜體供奉神祇？以剝奪生命的方式賄賂神仙，豈能要求什麼？增加罪過而已啊！

第二樁是漫天昏地的祈願，而祈願的方法是許以約期的賄賂。想來世人眞是無知得愚蠢十分哩！世人以為陽間上下親疏殺人越貨，一切一切都可以賄賂解決，這就認定幽冥地府也是一樣烏煙瘴氣！眞是豈有此理。當然，也有些享受「福報」太久，逐漸「下移」的神仙不知不覺接受期約賄賂的，不過畢竟是少數，而且是一種近似人間的「行屍走肉」的存在而已。

第三樁情況最難承受了，那就是世人動不動就來城隍爺前發重誓重咒；不但以一己生命魂靈賭注，還往往把妻兒一家人，甚至一族人也陪著賠上去。尤其選舉期間，動輒斬雞頭發絕誓，更是令殿宇震動，座位搖晃不已。要知道，城隍的重要任務之一是「執行世人的誓言」，那至毒至絕的咒誓，要如何徹底執行？不執行又是一等大罪啊。

祂曾經想振作一番，尋找適切時機，提出改革大計，可是老舊規範太多，守舊勢力太大。恍然，祂有不知身在何界何地之感慨。

「城隍難爲，不如歸去……」此念一萌，祂便誠懇而明白地表達出來。

還是當個不害人的水鬼好，這是祂的結論，奇妙的，這結論，好像自始就判定了的。

地藏王菩薩又一次微笑了，祂阻止了衆神鬼的反對，讓林淡水再去當東河橋下的水鬼。

至此，「城隍水鬼」便走入歷史，又在歷史中活躍著，過去，現在，還有未來。

第一手資料

一九四七年動亂中有一慘絕人寰的「傳說」一直流傳下來。那就是在宜蘭、基隆、臺北地區，不少無辜百姓被雙掌穿過「八番線」（鐵絲大小以番編號，八番是約四厘米的粗鐵絲），或二、三人，或六、七人爲「一組」推入海中河裏……。

一位石油公司退休的朋友相告：有一位老同事曾經是「拋海人」之一，因爲鐵絲僅穿過手掌的拇指與食指間（虎口）的皮肉，未及歧骨；在落海後撕裂皮肉逃走，居然倖存下來……。

本人蒐集二二八資料約十年，這是不得了的第一手資料——眞正的「第一手」，如能掌握那就是石破天驚了。本人決心採集到手！

今年五月六日上午，由二位石油公司退休朋友的引薦，到「目標人」的堂兄林可已家尋找頭緒。可已六十七歲，住錦水，已由石油公司退休。

由可已電查「目標人」林可連。電話不通，再電詢住頭份的親兄林可碑。可碑輕度中風，語言不清。

乘車直駛竹南，在竹南由朋友侄子領到竹南頭份交界處找到林可碑。在這裏一、獲得林可連在汐止鎮的新址與新電話號碼。二、林可碑零星言及堂弟在二二八的遭遇；彼證實了上述傳說。

談話中，兩位高齡林氏兄弟都顯露强烈不安，連同行的朋友臉上也出現後悔神色。依據以往經驗，「目標人」林可連怕是不容易見到？。

本人決定採取「冷卻」策略。其次向朋友表示進一步行動意願不高，以安其心。一週後——五月十二日約好同是石油公司退休的朋友彭雙松先生，不經約定，採取突襲方式——搭乘苗栗六時五十二分莒光號火車北上。九點二十分抵達松山站，請計程車轉到汐止鎮林可連家——位於市場內二樓公寓，是時十點差五分。

林可連六十四歲，紅臉白髮，著內衣短外褲，身高一百六十公分，極健壯。屋裏另有林太太有些肥胖。我們表明來自苗栗故鄉，並以母語客家話招呼。氣氛立刻融洽，不過觀彼夫婦神情，似乎對於我們突來造訪並不意外。

話題由彭雙松先生帶動。我們互做暗號──趁機各把袖珍型錄音機按下鍵鈕……。

「聽講林先生你也在石油公司做過？」彭說。

「嗯。日據時代，大概民國三十一年。我還『出井』過喔！四十四號井，你知道嗎？」

「哦！四十四號──老井咧。老井友徐傳盛，你識嗎！那是我姨丈。」

「識啊。那時我嘛共樣，住當時單身宿舍裏。」

這時林太太端出水果來。彭先生自我介紹，專業養國蘭並研究徐福。接著邊介紹我邊把蘭學專著及《徐福就是神武天皇》各一册贈送給林。我也把描述終戰前後的小說《孤燈》送上。這些都是我們計較好的，取得彼的信任的必要動作。

「呵呵！我兒子政大畢業，也是作家呢。」林說。

「是安呢啦！李先生寫小說的，研究臺灣文學，寫些歷史背景的東西，那當然會關聯到二二八，尋找二二八的史料……」彭先生不讓他插嘴，又把「我們」與他的親堂林可已、可碑，另一位可塢等人的「親密關係」交代一次……彭的話頭一轉：

「聽可已、可碑講啦：你也正是手掌被穿鐵線拋落海肚，又幸運逃生轉來的？」

「假個！假個啦！」林太太搶著回答。

「哈哈！傳說！傳說僅僅啦！」林的紅臉這時透著亮光，眼鏡後的目光卻有些猶疑不安……。

「這樣啦！我們研究歷史事件，想要了解眞相……」我一時有些咬字不淸起來。

「我講當初……我想到了今天愛來做二二八個翻案，實在不適合……」

「不是啦！我只是……」

「聽我講！」林搖手阻止我講什麼：「當初……我是公務當值……在基隆鐵道部……我是執行公務中被喊去……」林忽然幾近語無倫次：「我們今天翻案？不對！當初死的，已去咧；其他人也已不在，都在四、五十歲以上。都是溫州（？）警察做的好事。今天翻案，牛頭馬嘴兜不上。我當然也氣難消，但是……算了。」

「林先生，我想問的是：到底那穿鐵線拋海的……你是不是也？……」我做手勢。

「不是我，我沒有。傳說。我當時在五號碼頭服勤，帶腕章的……被逮去，不管你誰一律捉……」

「哪一日？是三月？……」彭問。

「三月八日登陸……」我說。

「第二天陣登陸過來的，在九日十日間，從『澳底』登陸……」林又急躁起來，「我來說原因。我兒子也是作家。我講這件事情，實在……當初我是值夜，遠地同事請假，我連代三夜了。」

「值夜中？……」

「嗯，早上。大概三月九日、十日間，或十號。我想這樣亂，這個公道，無可討啦！」

「我們並不是討什麼公道，只是要眞相……」我說。

「他們爲何捉你？」彭適時校正方向。

「年輕人都捉。我被叫去。我身上有些錢那就……我身上無錢就無事啦。共產主義底，陳儀部下都是共產黨……」

看樣子這個人可能相當「閉塞」。他繼續說：

「我的文件腕章身分證明等全被燒了！」

「唉！我們受過日本教育的，守法的想法……」

「這種事要討公道，難說……」

「其他鐵路局人員呢？」彭已顯出不悅之色。

「基隆這邊……無。八堵段是捉了十幾人——依名簿點名捉人。」

「什麼理由？」

「無理由，他才不管理由。不過八堵方面可能有衝突，所以總捉。站長犧牲了，叫李丹修（日語發音）。十多人一去無回，無證據，全滅……」

「你被弄去是……過程如何？」我把話頭拉回。

「早上被喚去的。要聯絡無法度。關起來，一直無食的。」

「關在哪裏？」

「關在日本老憲兵隊，後又換了一個地方。」

「什麼罪？」

「無罪。我在執勤嘛。就是身上帶了錢！」
「錢拿走就好，不要人。要錢僅僅。」林太太補充。
「連續代班三夜，可休息，準備買些東西——米等。」
「是阿姊在新竹入院啦。早上準備去看，所以……」林太太的補充。很奇怪的補充。
「再來講那個傳說……到底你？……」彭緊追不捨。
「……」林還是直笑：「很多吧？但不是我。同事有無？不知。捉的是無千止萬。殺多少？不知。何人拋海？不知。」
「為何傳說是你？」我迫問。
「哈！我沒有。我想有人，但不是本人。有聽說。」
「八番鐵線穿透手掌？」
「無，是反綁，像死刑犯那樣。我的錢被搜走，第二天就放了。」
「傳說基隆學生被切耳鼻嘴唇虐殺的？」我問。
「假的，全假的。我住基隆怎麼不知？」
「基隆市參議副議長楊元丁被殺事你知道嗎？」我問。這是有案可稽的。

「不知道有這種事。」

「那八堵站的……太慘了。」彭說。

「不過這種事向誰討？」

「不是討。」我糾正：「是找出歷史事實來檢討，希望悲劇莫再發生。」

「不會。」

「不一定。你看回大陸探親的人，他們一定先辨明自己是『四川的臺灣人』，或『浙江的臺灣人』，深怕被誤會以為是『土著臺灣人』，好像土著臺灣人就是番仔；中共的人如果看眞正的臺灣只是落後民族，而臺灣人因經濟上有成就，很驕傲。不幸有一天雙方全面接觸的話，極可能又是一次二二八……」

「不會。不會咧啦！」

「怕！老實說臺灣人極怕歷史重演。」

「你說要算帳？」林突然問。

「不是算帳。是了解！」我惱火上衝。

「你認為二二八的原因是什麼？」

「這有遠因與動因二方面：遠因方面，雙方文化內涵差異極大，一者已經進入法治社會，一者還在人治中打滾，例如……」我不得不略說自己的心得，接下去說：「至於動因是陳儀的嚴重貪污、腐敗、物價飛漲、工作被奪、青年失業、糧食內運物資缺乏……」。

「我以爲二者都不對。」林打斷我的話。

我想不用談下去了。

「當初只是公賣局人員無意中打死一人。就是語言不通所造成。」

「何以打死一人，小事一件，三、兩日就全島響應？」

「冰凍三尺哪！」彭說。

「不錯，冰凍三尺。」林突然這樣說：「天意。我以爲天意哪！連山裏的番仔都出來，恁不是天意？」

「著啊！仰般山裏的人也湧出來？太多不滿爆發開來啊！」我說。

林說到「天意」，彭的臉色變了，我想我也是。

「臺灣人反抗日人殖民，心懷祖國，誰知祖國這麼糟！」彭說。

「不錯，都有優點有缺點。」林說。

「我由日本回臺，在基隆港看到滿港口的破篷船：船伕黑衣黑褲，隨地大口吐痰，唉！失望透了！」彭說。

「現在大陸還是很差。」林說。

「如果大陸人攻過來，一定又一次二二八！」彭說。

「不談這個了。」我已死心。再確認一件事：「三月八日下午或九日上午，基隆不是大陸援軍來了嗎？你在值日對不對？」

「嗯。無兵來。是從『澳底』來，不是基隆。『澳底』大概就是現在的『福隆』吧？」

「啊！福隆？」

「陳儀向中央報說臺灣人造反，所以援軍的船是插黑旗的！」林想到新話題。

「插黑旗，做什麼？」

「要開殺戒，全剿的意思。」

這個「插黑旗」的說法，大概是今天最大「收穫」吧？我們已然無話可說，約十點三十分我們告辭。林送我們下樓；因爲街路左拐右彎車站難找，林熱心地送我們一程。

五月晌午的日頭相當熾烈，替景物切下黑白分明的界線。我心底有一股混沌的憤懣與惆悵；對於走在身旁談說親切隨順的林，我眞想揪住他的領口大聲吼一句：是你隱瞞了什麼？還是我在强求啊！

我就在這瞬間心頭閃過一絲異樣的悸動：是一種靈感，還是「意志之外的奇異力量」在推動我？（在此我要說明我的一種奇異經驗：在寫作或思索臺灣歷史背景的作品時，我有過百十次被「意志之外的奇異力量」驅使的神祕經驗！）

——當我困惑萬分的此刻，這個奇異力量又再顯現，我把握一個林不注意的瞬間，冷靜地準確地以目光搜索林的左手……然後右手，盯住林右手拇指食指間的「虎口」……

「啊！」我幾乎脫口喊叫——我淸楚明確地看到：林的右手虎口部位，那比較靠近拇指第一節的根部，那裡是一塊色澤比周邊皮膚淺淡而呈現皺紋的凸起瘢痕！約一個拇指頭大小的瘢疤！

這是什麼？這是……我再仔細盯一眼，還有，那虎口的彎凹處呈現不自然的凹入缺口，而且皮肉有些收縮……

我示意彭先生看看那奇妙的瘢痕！奇妙的「遺跡」，奇妙的「巧合」！

這是「第一手」資料。是的，臺灣的第一手資料不可得，而「第一手資料」就在五月的日頭下晃動……

十一點左右我們乘客運到達基隆市。

彭先生找到基隆的蘭蕙老會長張老先生。彭告訴我，張是老基隆，曾經告訴他許多有關二二八慘事的「傳說」——包括援軍登陸情狀、寃魂夜哭、寃鬼成羣於雨夕風晨呼嘯「上岸」的恐怖景象，還有幾座靈顯十分的鬼屋故事……。

我們找到張老，說明來意後，非常「奇怪」，張老居然說：完全不知道，沒聽說過！

彭勃然動怒，我暗地掣其衣角，搖頭示意，算啦！要離開時張老突以日語說了一句令我難忘的名言。

他說：

「江戶結的仇會在長崎被報——我們生意人……請原諒……什麼都不能說的。你們可以，可以找民進黨的人問問，他們也許……所以……」

所以我恍然大悟。所以我找到民進黨市黨部。見到負責人魏醫師。經由魏的聯絡，於十一點半和王拓見了面。讓王請吃中飯。下午一點半鐘王拓領我們穿過一座老舊市場來到一座十分古老的廟前面。在這裏見到十幾位古稀老人。在這裏我採收到一些片段的「證詞」：

一、七十九歲紅臉老人說：他是從「新幾內亞」回臺的「軍屬」。三月十日傍晚在基隆三號碼頭，他親眼見到許多青年被穿掌拋海的慘劇！

二、六十八歲，右脚微跛老人說：他當時任職工務局，是渡船機務長。他親眼看到二、三人以八番鐵線穿綑一堆拋入海港。是一號碼頭。受害人大都是二十至三十歲的人。他們全身被綑綁，並以布團塞嘴。有公報私仇事件發生。死難的人許多是臺北新竹來的商販和小漁販，所以這些人都非混亂中毆打外省人的人，他們全是寃枉的。

市參議副議長楊元丁是客家人，被槍殺於「田寮港」——現在「東明路」。

在基隆，主要屠殺場有二：一是重砲兵連隊駐在的「山下仔」；二是日據時要塞司令部內(現在還是兵營)，亦即「安瀾橋」邊。

三、六十八歲高壯老人說：拋海與出現浮屍是在三號一號二碼頭。當時八堵中學(今之基隆中學？)四年級學生多人被捕，有贖款則放，無則殺。他是五萬元買下一條命的。基隆富豪顏國華的長男十八歲，基中四年級即以二百萬巨款贖回的。據說不數日即送到日本，不再回臺。國華即顏欽賢兄弟。

又據說鐵路局有人被拋海，詐死然後掙脫逃回……

——這是一次瑣碎零雜的口述歷史，但依經驗判斷：這是一場十分誠實的自由敍述，對於「歷史學者」或者無甚可取；在小說人來說卻是十分可觀。

訪談於下午四時結束，心情是七分沉重悵惘，三分淡淡得意。

一個男人與電話

一切如舊，而事情，解決了。解決了嗎？大概是吧。

林秋田呷了一口XO。冰，全溶成水，淡得失去酒味的XO。

林秋田打開放影機，繼續欣賞被電話打斷的精采RX片。

嗯，精采的RX片。去它的精采。我林秋田不是沉迷於RX片年紀的衰退傢伙。不是的。可是只好「喜歡」。因爲除了「喜歡」RX片之外，能怎樣調侃自己呢。他，不由地惱火起來。去她媽媽的契哥——我還是深愛著妳……。

他再斟半杯XO，這回未再加冰塊。RX的「影像熱情」對他來說，毋寧是一種冰天雪地，最好的消暑方劑。有時候自己會覺得很奇怪，這種情況豈是三十歲不到男人的「性趣」狀態？尋覓到此，不得不心不甘情不願地，只好「歸功」於她——郭勝男。

是的，她媽媽的勝男，想起來她老爸就是心態不平衡的老式男人；生不出兒子又怎麼樣，爲什麼沒有砲臺的就非勝誰不可？人間眞的非分出勝敗不可嗎？不錯，郭勝男好××妳在現實社會好像是勝了——恆豐電子企業公司總經理，一個女强人，滿身閃爍晶片、電波繚繞的人物，可是卸裝之後，女人，女人，女人該有的妳都有，而且十分豐盛；不幸的，女人需要的，妳全要，而且十二分强烈。不幸或幸運？我，林秋田恭逢其「盛」，而且全部領收。郭勝男啊妳是女人而我是男的，男的，妳知道的。也許妳坐在妳那超大型大軟皮椅上，抬起頭一眼盯住我那瞬間，妳就敏捷感應到我們是一男一女——哦，不，妳說的一女一男，而且頗有可爲的一女一男？

記得是八〇年的初夏，林秋田他退役下來，出國的計畫泡湯——老爸的小型營造廠和其他千百家的命運一樣，因工程被大型同行所奪而倒閉，他只好先求獨立再說。

那幾年，人工智慧工程在臺灣迅速起步發展；他是名牌大學畢業，學電子的他在就業市場上自然是寵兒。

本來打算考進公家機關孵豆芽——偷空還是準備出國；進入「恆豐」實際上是被這個美艷又強悍的「勝男小姐」郭總經理激來的。

郭的辦公室占去「恆豐大廈」十二樓的一半，總有五、六十坪吧？就不知道她要獨擁如此的空曠是爲什麼？在五、六十坪的大廳，略近中央位置，赫然安置一「座」超大皮椅加上超大透明晶玻璃辦公桌，除此之外「普廳之下」別無一物，小祕書的小桌椅是在大辦公廳入口的「走廊上」；四人份的小沙發也謙虛地躲在「走廊」的另一端。當然，四壁倒是掛滿四海天下的詳圖。

「目空一切，放眼天下」這是郭總經理常掛在嘴邊的名言，她日夕擁有的「場景」，正是這句話的最佳註脚。

那天總經理口試——最後一關他排十三號。祕書小姐指示他站在總座大辦公桌直前一臺尺處，那時郭持續還是低著頭不知在看什麼或想什麼。

「你稍等。」郭說。頭還是沒抬起來。

他發現眼前那一叢頭髮好濃好柔，看起來眞舒服，好想輕輕撫摸一番……。

「你成大畢業的。」郭終於抬起頭，盯住他問。

「是。七八年的。」

「我也是。」郭語氣一緩：「比你早五屆吧？嗯，沒學到什麼。」

「喔……。」他不知怎麼應對。

「現在找工作，暫時性的，對不對？你還要出國，還要追求更精深的東西，更寬闊的世界，對不對？」

「嗯……。」怎麼這樣口試呢？他惶然。

「好高騖遠。現在的年輕人十九是這樣。不落實，空飄飄。知道嗎？」

「您？……」他感到惱火隱隱上騰。

「不用這樣看我。比你大不了幾歲，又是女的，對不對？」

「不是。不。總經理您……」

「不是，那是什麼？」詞鋒銳利，好霸道。

「我是說，不是每個人都這樣。」他硬著頭皮說。

「你，敢不敢全力投入我們恆豐？」郭突然這樣問。

「為什麼不敢？」他的反應幾乎是反射的。

「哦？好。如果錄用你，你能保證幹幾年？」

「如果愉快，至少……五年。」

「你是說如果勝任的話？」

「當然勝任。我是說愉快。」他的傲氣與反應能力逐漸正常。

「唔。你自負得很！」

他輕輕一哂。想不到郭也笑了。這一笑，好美。可是郭的臉色一凝，嚴正地宣布似地說：

「成大混畢業，基礎可以了。當然進入本公司，一切要重頭來；經得起半年的在職訓練，那就是我們的人才；對待人才，恆豐絕對是優厚而禮遇的，你可以完全放心！我保證，人才會願意留下來奉獻的！」

「我願意接受考驗！」

「好。我們就決定錄取你——不用等什麼三天一週的。你要好自爲之。」

「是。謝謝。」有一點點興奮，滋味卻是異樣的。

「我不是因爲你的應對得體，或看上什麼條件錄取你，而是一種感覺——你知道，領導智慧上有些是很神祕的——感覺你是可信可用之才。而且，嘻……」郭突然粲然一笑，眞要命，不過一閃而收就是。

「？……」

「你的名字，林秋田，唔，很有意思。」

他相當不悅。不過，算啦，這個女人到底童心未泯吧。

這是五年前的一幕，迄今仍然鮮活無比。

他在「恆豐」工作五年；其間還奉派到日本「見習」一個月。

他果然升爲高級幹部：總經理的特別助理。他幫助總座掌握開發研究部門。他的專業智識也許談不上開發研究的實務，但仍屬本行，跟那些研究工程師們溝通並不困難。更重要的是，研究發展的進度與機密，由於他這個「特別助理」，郭總得以「瞭若指掌」。至於何以必須如此？工商企業，個中奧祕，自然不言而喩。

由於他的工作性質特殊，所以跟郭總的接觸，無論是場所或方式，都是比較特殊的。

也許就因爲這個牽連，林秋田先生他，還替郭總特別助理了最繁雜難纏的事務，那就是感情問題。具體一點說，就是愛情問題。喔，不，跟郭的關係，以世俗的男女愛情視之，又好像不太能夠涵蓋其中的全部意義呢。

總之，他跟郭「無形有實」地，零零碎碎地「同睡」了三年，而小寶已經四齡。是的，那是「零零碎碎的」，不叫「同居」而是「同睡」。

這幾年來無聊的時刻，他習慣於冷靜下來思考他跟郭之間的種種。遺憾的是，越梳越亂，頭緒萬端，眞是不能解不可說。

就實際說，他是愛郭的；他自信愛得理直氣壯，愛得正大光明；所謂女長男小相差五歲，或職業上的女尊男卑，這些在像他這樣滿腦袋現代社會觀念的人來說，實在不算什麼；自省也沒什麼情緒橫梗心頭。

「郭對我無情嗎？」他無法找到確鑿證據。

郭爲什麼如此處理兩人的關係？郭其實是在自虐自苦。這一點他知道。郭也絕不是世俗人間說的，恥於「下嫁」職員。不是的。要不然郭不可能冒天下之不韙——自始就堅持要生下小寶！

「生下小寶，是我個人的事。」他最不能忍受郭這句話。

「妳不能這樣說。我，我也……」

「我說過的：我們是成年人，成年人的遊戲，結果自己負責。」

「我們之間只是遊戲？」他是氣極而笑了。

「嗯，一種遊戲。當然，並沒輕率玩耍的意思。你不能理解？」

「不。我要負責！」

「不！我就是不要聽你這句話，這種心態──什麼東西！」她勃然而怒。

「那我要問妳：」他長長吁口氣：「你愛不愛我？」

「要我說多少遍──這，和愛情扯不上，我是說所謂狗屁責任！」

「妳難道不明白我多麼──」

「我體會得到。這不美好嗎？這樣就好，不是？」

我要娶妳，妳正正式式嫁我。他說。郭清清楚楚搖說：不要這個形式，至少目前不要。

他久久凝視眼前這個又可愛又可恨的女人，這個令他神魂顛倒又疲憊無奈，逼他拚命喝XO拚命看RX片的女人！

不過，不知從哪一時日起，漸漸地，他對兩人的關係放棄作任何「主張」了。尤其郭堅持同睡不同居的「政策」之後，他一切依令行事。有時候固然感到屈辱、委屈，不過委屈屈辱中，卻有一種近乎甜蜜的什麼浮上心口。

於是郭有「事」了，一通電話他便準時報到；他有事找郭，郭也沒讓他難堪過。這是未來男女關係的模式吧？有時他會這樣想。

從此，兩人總是依靠電話的聯絡而完成業務之外的接觸；在公開場所，在辦公重地，郭是絕對言不及私的。女總經理，畢竟不是凡品。他不得不由衷讚嘆。

但是，不管怎麼說，這一切還是萬分惱人的。當惱人事況確定不能解脫時，就是無可奈何；一個男人無可奈何地要靠一部電話機才能傳達出感情；或者說，感情全控制在電話機的那一端，唉！無奈加深之後就成為悲哀啦！

❊

小寶確實已經入睡。郭勝男把冷氣關到最小，目光在門窗擺飾、孩子臉上巡視一周，然後悄悄退出，回到自己的臥室。

她把自己重重拋在柔軟的大圓床中央；大圓床柔順地適度下陷、偎近，把她輕輕擁著。

「唏！」她猛地腰肢使勁一挺坐了起來，然後逃脫什麼似地抽身離床，到巨大的鏡臺前坐下來。

鏡中人俏麗而有些豐腴。她對於「豐腴」這個形像特別敏感。因爲豐腴經常是衰老的姐妹;她,畢竟是難以否認的有些豐腴了。

那雙眼睛還是清澈明麗的。自從一位長輩當面說她「眼眸在明麗中有一股鋒銳光芒」——之後,在獨自一人時刻,或置身陌生環境時,他會輕揉眼皮,意識確切醒覺著:要維持著自己原有的煙視媚眼,自己的雙眼原是柔情萬種的呀!

不過,在「恆豐」崗位上,她絕對不願展現自己柔媚的這一面:她是領導者,總經理呢。

「郭……嗯,妳確實很美。」對著鏡中的自己,耳邊時常繚繞一縷這樣的熟悉聲音。

她不喜歡這種恭維。可是恭維來自四面八方,後來竟然變成心底的唱盤紋路啦。她最恨自己偶爾湧現的軟弱。不是嗎?唯有弱者才需要什麼美貌柔情來保護自己;她知道自己擁有這些;不幸的天生如此,但是她不需要,更不甘願提醒自己有這個。

記得第一次和秋田「外出」——就是約會啦,秋田就癡癡盯住自己;像是瞬間失去了意識能力,然後唐突發言:啊總經理,您,好美喲!

聽聽？多麼失禮的男士。她爲了身分，只好輕輕一哂。

其實，她一眼就看出，林秋田這個年輕人一定是個「男孩」，嗯，淸淸純純的男孩……面對「男孩」，她是有些許的不自在……

不幸的是，好像一見面就喜歡上這個靦覥的小男孩啦。更不幸的是，自己辛苦砌起的堅硬堡壘竟迅速爲之崩頽一角——那稱之爲情愛的毛毛蟲，居然日夕蠢蠢而動。

在不更事的青澀十八歲，曾經驚天動地地出了一次愛情麻疹；麻疹迅速消退，留著不見痕迹的疤痕於心底，應該從此不再罹患了。實際上她檢視再檢視自己，確確實實並未留下什麼傷痕；以後她的種種，有人胡說那是重傷害後的反彈作用，她不承認。她相信那只是成長過程上的插曲，而今她已然成長。不是嗎？今天她的行誼與能力，平穩而强勁，正是標準的健康人。

不錯，林秋田的確惹人喜歡，那只是垂直而下的「喜歡」，不算是平起平坐的對等之愛；她相信那可笑的癡癡的愛，在自己十八歲時就埋了。可是，這個長眼睛，眼角往上微微翹起，嘴唇紅紅厚厚的大男孩，唉唉！確實使人有些癡迷……

當然，這也不算一般的男女愛情，她提醒自己。嗯，對了，當「秋田」兩字映入眼眸，又面對愣愣的壯碩大男孩時，腦際閃過的竟然是「白君」的模樣和吠聲。「白君」是「旭日商社」取締役井上文次老先生贈送的；那是一隻雪白壯碩的秋田狗。

這樣「聯想」是有點不應該。不過絕無鄙之的意味，只不過是意識流動的一星浪花而已。實際上她好喜歡「白君」。牠聰敏善解人意，雄偉粗壯充滿力之美而又不失一份優雅。秋田狗受人愛寵不是沒條件的。「誰」能與之匹比？

在以後跟林秋田接觸日繁，進而「關係密切」之後，「林秋田——秋田狗白君」——這個牽連意念總是摒除不淨，甚而紛沓的心象也總是糾纏不清。她發誓沒有別的意思。人的心理活動是多麼奇妙不可捉摸呀！

跟林秋田第一次「來」，好像是在半意識狀態下發生的。她清楚記得，那時，「白君」在門外的吠聲雄渾清越，十分好聽。

「阿男……我……」秋田好像十分惶恐。

「沒事。你先走。」

「我……」

「你怎麼啦？」

「我……我一定會負責……。」

「快回公司！」她想自己的臉色必然變了：「把明天向董事會提出的增資案再檢查一遍。去！」

負責？負責！什麼玩意！她憤然衝入浴室徹底沖刷起來。

第三天，秋田塞給她一封情書。哈！密密麻麻的整十二張信紙。

週末，她邀秋田晚上八時到她個人別墅聚聚。是的，聚聚，不叫約會。

她很不甘心地撒了一次謊：派人買一張赴高雄的機票，在上機前她才躲躲閃閃地溜回別墅。

秋田一直是很緊張；喝了兩杯酒，臉紅膽壯之後開口說的竟然是：

「勝男，總經理：我一定要娶妳！」

「你？這是求婚啊？」她把酒都噴了出來。

「我愛妳——您知道的。」

「很好呀！我也……不討厭你！」

「那……妳答應了？」

「秋田，你是不是爲了那天的事才……」

「我要負責。勝男，我負責！」

「閉嘴！不准！不許你再提負責兩個字！」

秋田大概嚇得醉意全消啦。她有些不忍。她不讓秋田再嘀咕什麼。這個傻蛋根本不知道自己在說什麼。

她讓自己倒進秋田懷裏，她以行動代替人類繁雜而表達錯誤百出的語言——進行眞正的溝通。是的，行動可以打斷心中惱人的思緒，也可以把許多意義呈顯得淋漓盡致；或者說，這是一種遊戲，遊戲也是一種逃避的形式。

那是月白風清、輕舟順流的行程，雖然秋田有些粗糙，有些猴急猿啼。不過，卻也無妨。

雨霽雲消之後，她發現秋田還是一臉木然，不知在想什麼。她有些不悅。

「秋田，我們這樣，你有什麼不安嗎？」

「阿男——男姐，我們應該籌備結婚才好。」

「我沒說要嫁你呀！」她故作輕鬆。

「妳？您是？……」

「我們只要事實——相知相愛的事實，而且持續著；我怕，我也不要什麼形式。」她話鋒一轉：「您我，都是成年人不是？」

「嗯，就是因爲……」

「聽我說下去！」她搶過話頭：「成年人做事，自己負責——我不要再聽『替我』或『給我』負責這類話！」

「我不懂妳的意思。」

「我是說：我們相愛就好，不要外加任何形式。更不必誰對誰負責。我是說，做愛是雙方自己的事，如果有什麼後果，也是雙方自己的事。」

「妳這樣想？」秋田顯然相當吃驚。

「因爲，根本上說，人生，只能自己負責，誰都無法負自己之外誰的責！」

「這樣想，女人太吃虧啦！」

「這就是你們男人的想法。」她笑了再說：「也許人間眞的就是女人這樣吃虧。那沒辦法。或者說，沒關係。那麼，女人就只好自己想辦法，進而有自己的做法，生活方式，甚而生活意義。」

秋田嘆了口氣，緊閉上眼睛。

那個晚上她睡得不穩；凌晨時分吧？她隱約聽到抽噎聲。她發現秋田在幽幽哭泣呢！

「唉！這個男人。」心裏一陣絞痛。這一陣絞痛卻反而使她冷硬起來。她想有所行動，但還是不成功。

以後兩人就維持這種關係，有時候她也明確知道自己心底深處，還是期望結婚這個形式的，可是她也明白，「自己」不會讓這個期盼實現。

終於，她懷孕了，她沒讓秋田知道就悄悄處理掉。

心裏有一分歉疚，包括對秋田以及那未成形的生命體。她發現自己比以往更熱切需要秋田的情愛和接觸，不過那莫名的懼怕以及怪怪的「理由」，卻又極力幫她拒斥這個需求，進而排斥秋田。

夜深人靜時刻，她會老老實實承認：自己是深愛秋田的，卻又同時領悟到自己不會把生命全然交付予一個男人的强烈「私心」；不，生活的全部也不行。

她又好希望，職業生活之外的所有時間，都能見到秋田；不過只要「見到」就好，可不願意經常「接觸」。這是一種生活的美感，或者說是美感的生活。她這樣開脫自己。是的，她是在開脫自己。

「妳眞的那樣不需要我？」秋田今天的嗓音急躁而乾涸。

「我需要你，也愛你；我怕這種需要減輕或者變質，我怕這分愛變成生活的調味品而已，所以我不要兩人時刻廝混在一起。」她閉上眼睛說的。

「妳！看來比我還小十五歲！」秋田氣息咻咻。

「就是這樣。我希望你理解，也求你接受這樣的我——聽清楚嗎？我用求這個字！」她被自己感動得清淚繽紛。

這是她平生最軟弱的一次。秋田見到了這個，好不甘心。以後不會這樣糟啦！她暗自發誓。

不久之後，月信又失信了。這全是大意造成的。

秋田這回發現了。這個人又在表示「我一定負起責任來」。她根本不吭一聲。就在這瞬間，也就是在秋田口口聲聲「要負責」的話聲停歇瞬間，她下了決心：生下這個孩子，獨力撫養他（她）！

幾個月之後，她下達一道人事命令給秋田：到臺南籌備第二生產廠的事務，爲期是半年。

她精確估計公司對她的依賴程度之後，在老母氣惱中卻接納她的要求之下，半公開地完成「請假生產」的壯舉。是的，是壯舉。「半國」譁然，但是女强人雙眼一瞪，風波還是逐漸平息了，她對於大衆傳播，以及部分記者是相當看不起的。

「閒言的傷害，只是弱者的專利。」她傲然說。

秋田「出差」回臺北時，小寶已經很會笑了。

「我是你的應召男。」秋田的話由電話傳來，好難聽的自嘲喔。

「我們是親密關係，彼此都是唯一的。你不可以這樣說。」說這話時，她發覺自己滿懷是母性的慈愛。

「一種現代人的婚姻？」秋田好像在笑。

「是一種超越婚姻的親密關係。」她說得很認眞。

「超越？嘻嘻！我現在就過去，好嗎？面對面，看妳怎麼超越法！」

「不要，今天不！」一看看！男人有時可愛有時粗俗又好歪纏：「我告訴你：今晚我要帶小寶出去檢查牙床……」

「我們的兒子！哈哈！」秋田好像喝了酒？

她放下話筒，讓男人在話筒裏繼續咆哮。

她知道這個男人，一陣吼叫之後是輕言柔語，然後是不斷吁嘆，然後呢？唉！男人。

腦海突然閃出一個疑問：男人的可愛面，到底在婚姻制度的控制下「保留」得久，還是像自己追求的這種「親密關係」，「殘留」得長呢？

話筒好像微幅度地震顫著。秋田還在講。哈！一個男人，當他只是響自電話筒的狀況時，毋寧是滿可愛的。

共同事業戶

當年，楊大俠和賀小貞「正式結婚」後不到一年就辦理了離婚手續。朋友們對於這件事難免驚訝，不過，這種驚訝，是建立在充分理解之上的。

朋友們想像不到、難以體會其中三昧的是，兩人離婚之後的諸多糾葛和種種趣聞。

——以上的說法，實際上含有多重語意的曖昧。當然，這不是楊大俠好友區區文字表達能力太差，而是：語言文字本身就是十分曖昧的；人間事況也是十二分曖昧的；而，男女婚媾物事，更是曖昧萬分。不是嗎？

什麼？這樣說下去，越扯越迷糊？那也沒辦法呀！人間——唉！不錯啦，這句話是得逐句「註釋」一番。

所謂「正式結婚」：一方面表示楊大俠先生和賀小貞小姐，是經過公開儀式，二位證人在場完成法定婚禮的。說明白一點，是在臺中地方法院公證結婚的。另一方面，是說：這個社會上，除了經由法定程序的婚姻之外，還有許多無婚姻之名，有婚姻之實的男女關係；也就是建立在比較穩定的「做愛關係」之上的男女接觸現象——這樣說，區區的意思是，不包括一方勞動服務，一方支付酬金的男女肉體買賣行爲算在其中，也未把男女純粹的性遊戲活動列入。

至於面對離婚這個現象，朋友們感到驚訝，那是因爲我們的社會，畢竟還未到達三對夫婦之中就有一對不得善了的——「離婚高成長」的社會嘛！何況，離婚，到底不是一件賞心好事，朋友間表示驚訝，毋寧是一種風度，一種禮貌。

說到驚訝中有理解，他們之間「辦理了離婚手續」，而不是乾淨俐落的「離婚了」，那就更是頭緒萬千，越理越亂，看來還是全盤托出，把種種因果交代清楚才成啦。

楊大俠本名「楊待枱」。「枱」：劍匣的意思。名字當然是父親大人取的。待枱生於乾陽最盛的端午時，命宮火旺，八字屬「炎上格」，此格的人生性剛烈威猛，才智鋒芒太露；學富多車，兼通命理的父親大人便給他取名「待枱」，是要他劍納於盒，養晦韜光的意思。

不過，名劍宜納於寶盒，不然神兵蒙塵，豈非有違天意嗎？故名曰：「待拾」。

也許「姓名學」之說，確有形而上的義蘊，姓名之存在，直干宇宙的本質，所以「待拾」這個孩子「志於學」以後，果然英氣內斂而溫文有禮；甚至心懷成見的人，還譏之爲「懦弱」。其實他爲人重義，待友如己——只是拙於表達，或者說很少在適切時機表達罷了——也因而朋友們，不知什麼時候起，就尊之爲「大俠」而不名啦。順便一提的是，「俠」、「狹」音韻相同，有人稱他楊「大俠」，心裡的意思卻是「楊大狹」；「俠」與「狹」音韻相通，意義卻剛剛相反，居然有人以「大俠」爲「太狹」，可見人間難免有仁智之見，人的心性，也不是單純面的呢。

楊兄本人可是非常珍視「大俠」這個名號；等到立身社會之後，更是戮力追求自己的名實相符，加上風雲際會，機會來臨，他終於有了不凡的表現，所以在中臺灣某市，楊大俠的知名度是頗高的。

至於「待拾」兩個字，除了公文書、薪水袋，幾乎不存在了。實際上，他極端排斥這個名字；名字來自父親大人的賜予，排斥它就難免增加心裏不安，卻爲什麼排斥「待拾」呢？

——楊大俠是一位具備多方面才氣的人，他的新體詩和雜文，十幾年前起在中臺灣就很出名；朋友們也尊之爲詩人，他私下卻自認爲是一思想家。他確實是的。至於職業，是生物教師；原先在某國中任教，目前在某私立高中授課。由國中轉職私中，也和賀小姐有關。這是後話。

原來生物教師這個專長，使他對於「生物性」的各種物事特別敏感，尤其涉獵廣博的他研讀西格蒙·佛洛依德的泛性心理學說之後，由「待柗」之名，聯想到劍與匣；「劍」與「匣」卻涵蓄濃厚性器官象徵意義，然則，我「楊待匣」，不就成了那性飢渴等待「匣」之「劍」嗎？唉！不像話嘛！

這是第一層心理困境。等到和賀小貞「交往」之後，尤其正式結婚之後，感受到賀小貞這個「寶劍盒」，對他心理上的壓迫，對他人格的破壞，對他這把名劍的傷害——是多麼巨大之後，又多了第二層的心理困境。待柗啊待匣！你是什麼東西呀！他忍不住要咬牙切齒詛咒起來，就像一代楊大俠，面對仇家敵人那樣。

以上都是不得不交代的背景資料。現在言歸正傳：

一九七七年四月中旬。那天早上，朝陽麗亮，涼風拂面，是個晴朗的初夏之晨。不幸得很，楊大俠在賀小貞堅持——堅持在這天上午完成離婚手續，其他事務，待後處理——之下，由大俠本人開車，在八時正，市公所開始作業的時刻準時到達辦理登記。

大俠不得不打開車門，送「未離夫人」到市公所，因爲伊就站在車門口。爲什麼站在車門口呢？因爲昨夜伊還是大字一個睡在曾經屬於他們的大圓床中央，直到天亮才醒來。爲什麼這種氣氛，還賴在那裏？因爲離婚協議，在昨天午夜十二點整才達成哪！總之，兩人是坐同一部轎車，一起下車，然後走進市公所；只差未能攬腰牽手而已。

在「協議」過程中，楊大俠不曾看伊的臉一眼，因爲，前此已然看得太多，也被伊看得夠詳啦；在伊躺在床上之後，他不敢瞧伊，伊上車時也一樣；直到車子發動之後，才順理成章地由後視鏡的一角瞥見伊的小臉。伊的臉小小的，所以一角後視鏡就盡夠容納。

伊那瘦小的臉，和往常每一次正面或側面看到時一樣，總是那麼冷靜十分加上冷漠十分。有時大俠會懷疑，自己當年，爲什麼會愛上擁有這樣一張臉孔的女人。

喔，不！這句話，不十分正確，應該說：這樣一張臉孔，怎麼會如此强烈地引起自己的愛情？唔，不！這樣說也不全妥；應該說：怎麼會挑起男人——自己那樣强烈的情慾反應？是的，眞是不可解，縱使即將分手的現在，只要不經心觸及心裏底層的那一網慾念，或者說，只要不刻意設防，那種冷漠的小臉，竟然還輕易地會挑起心底的震顫。

當然囉，情慾不是婚姻事實的全部；今天楊大俠他願意割捨前者的可能損傷，爭取後者的自由……。

下了車，楊大俠還是雙眼直直往前看，「未離夫人」賀女士伊表情如何，他實在無心注意了。不過，他感覺得出伊靠得很近，伊的腳步敲得十分均勻，步子顯得穩定有力。他不得不深深佩服伊了。伊卻在這節骨眼上，突然以低沉的嗓音，在他耳邊說：

「姓楊的，你眞的不肯放棄？」

「我？」他會意不過來：「放棄什麼？」

「我說選擧──那狗屁選擧！」

「現在，不是我個人參選不參選的問題，妳知道的，這是大局呀！我……」

「好了。進去吧！」伊截斷他的急切辯白。

──這件事，似乎需要略加補充聲明：一年多以前，大俠心不甘情不願地離開國中教席時，心情十分惡劣，卻也無可奈何──當然原因是爲了「未婚妻」伊了──本來想這就掌管自己的雜貨店的，但怕人閒言笑話，說他沒出息，再者自己滿懷豐富學識，不用來啟迪後生豈不可惜？公立學校，一旦脫籍，再要進去就難了，不得已，他進了那所頗有名氣的私立中學。

這所私立中學，原來還是地方政治派系的大本營所在，他進去不久就發現了。「校方」那邊，在年底的中央民意代表補選期間，也「發現」了他的長才：平常幽默近於滑稽，經常一臉笑容的楊大俠他，在試用之下被發覺，原來還是一位設計選戰的奇才，而且又是助選的大將！記得一場私辦政見會上，楊大俠的助選演講，曾經造成萬人空巷的驚人高潮。

那所私中所屬派系參選成功，楊大俠之名與能耐，正式被大家肯定。他，一個落魄的生物老師，一夕之間，成了學校的臺柱，該派系的重要參贊人員。當然啦，他是性情中人，豈有不盡力於知遇之理？因而，他搖身一變，成了具有地方派系色彩的不大不小人物。

一九七七年——這次縣市長暨議員選舉，該派首腦幾經研議，在配合爭取市長寶座的戰略考慮下，決定徵召智足多謀能言善辯的楊大俠出馬，競選市議員名額。

這是意料之外的發展，不過，略一思維，卻是情理之內的舉動。重義任俠性格的楊大俠，一個抱拳長揖，高聲一句「恭敬不如從命」，這就接受了艱鉅使命。據說，高齡的校長先生，目睹他的豪情與擔當重任的氣魄，竟然當場熱淚濺迸而出。

不管怎麼說，這是一樁好事。可是楊夫人小貞女士知曉原委之後，小臉一沉，接著便輕輕搖起頭來。

「這沒什麼不好呀！」大俠大驚失色。

「有什麼好？」

「別人出錢，我出名，說不定還有利呢！」

「選不上呢？」

「選不上，還當我的生物教員！」

「眞的不花一文？」

「當然不用……」大俠劍眉微皺：「不過，爲了表示誠意，我想，至少登記保證金，我堅決要求：自己出！」

「你堅決要求？」夫人的嗓音如音階般節節下沉。

「是呀！我，我們也有我們的格調嘛！」

「那，我也要表示！」夫人拿圓圓的眼睛緊緊盯住他。

「妳……妳要表示？」他被盯著有些不自在，不過胸膛卻被伊那句話一擂，迅速膨脹起來。

「楊太太我，堅決表示：不准！」

「不准？不出登記保證金嗎？那也……」

「不准你參加選戰！」夫人之言，斬釘截鐵。

「咦？妳怎麼這樣說話？」他脖子粗了，大概臉色也變。

「我向來就這樣說話的。」伊，是的。

「妳沒有權利這樣說！」他是惱了，所謂大丈夫不怒則已，一怒，只好繼續怒下去。

「我賀小貞是楊待枱的妻子，楊大俠夫人，楊師母，我當然能這樣說！」伊的聲調陡然上拔：「而且這是『門令』！」

「什麼門令？妳賀小貞今天是我楊某的妻子，可是，明天，妳可以不是！知道嗎？妳，妳這個潑婦！」

「什麼？你說什麼？」

接下去，是千古不變的夫妻吵架場面，不必細表。不同以往的夫婦勃谿的是，這次的衝突居然產生了結果：雙方同意離婚。

「要我這個太太，還是要搞選舉？你選擇！」楊夫人說。

「這是兩件絕不衝突的事，何必選？」大俠眼眶火辣，好像沾上胡椒粉。

「一定要先了斷，就是現在！」

「現在不，等選舉後吧！」大俠心機電轉，思慮極多。

「不行！絕對不行！我受夠了！」

「妳受夠了？妳？」

「是啊！嫁一個不受教的丈夫！」

「不受教的丈夫！」大俠氣急而笑。

他想起剛才伊說的「門令」，大概是「閫令」吧？伊是有邊讀邊，無邊讀上面的信徒。

想到這裏不覺揚聲笑開來。

「還笑？快說，只一句話——二選一！」

「如果我不呢？」大俠猛一咬牙：「一切等選舉之後如何？」

「我說不行就不行——你知道，你要賴的結果會怎麼樣吧？」

是的，大俠他知道，在服役期間，在國中任教時候，他領教過啦。想到這裏，所謂火從心頭起，惡向膽邊生，他一字一句說：

「我，一定要參加這次選舉！不管妳怎麼說！」

「我說：我們離婚！」伊說得平心靜氣的。

「本人同意！」

至此，事情的「根本」已經產生共識，緊接著就是協議的條款了。兩人同意結束婚姻，不幸中之大幸是，還無「婚姻的結晶」——孩子，所以十分容易達成同意離婚的條件。不過，由於對楊大俠而言，此刻乃非常時期，不得不有權宜的措施。賀小貞小姐在大事底定之後，也表現了相當程度的優容寬大，答應了客觀說來，並不很妥當的條件：

一、在楊大俠正式登記候選人之前，辦理離婚手續，但爲了他的形象不因而受損，伊同意在選舉未揭曉前，不予公開。

二、以相同理由，伊暫時不遷出去——寄住在他們家原先租人，現在空下來的第四樓的房屋。

三、男方付予女方四十萬元的「搬家費」——伊堅決拒絕採用「贍養費」或「慰問金」等含有侮辱女性涵義的名目。此項款子也在選舉完畢，伊遷出時付予。

四、從此男婚女嫁，各不相干。兩人保證，自訂立協議時刻起，絕不干涉對方的任何行動——這是他特別要求訂明的。伊笑笑，爽快答應了。

——事情的經過大致如此。離婚證書，在自己的雜貨店裏就有，剛好標會得標的兩位朋友的印章就在抽屜裏，經伊同意，共同僞造文書——蓋了兩位見證人的印章……

現在，就差戶籍課的登記手續了。

楊大俠站在櫃臺邊，雖然還是不想側過頭去看伊一眼，但是伊近在咫尺的感覺，卻是多麼強烈啊！

身邊這個女人，就是和自己有夫妻名實的女人嗎？

我楊大俠，和這個女人確實曾經同被共枕嗎？

多年恐懼，無數的傷痛，一年來的夢魘，這就可以完全解消了嗎？世事眞這樣簡單嗎？不會是自己的幻想，希望的夢境吧？

他在心中，自言自語著，他陷入恍惚魅惑的情緒之中。

——「二位：什麼事？」一里幹事招呼他們了。

「我們……」他把書類悄悄遞過去。

「你們……」里幹事黯淡的目光瞟過來：「不再考慮？」

「……」他搖頭。他想，身邊的伊也一定搖頭了。

「手續完備。身分證，拿來吧。二位，請在長椅上坐，十分鐘就好。」

十分鐘就好。眞簡單。他想，他從內袋裏抽出一個鼓鼓的信封；裏面有二千塊和一張便條，便條裏寫著：一個月內，無論如何，請替我們保密，莫洩露婚變的消息。

「楊先生，賀小姐……」里幹事辦事眞快。

他站起來，搶前一步，伸手去接里幹事手上的兩份戶口名簿和兩張身分證。

他拿到一份。另一份幹事卻直接交給隨後伸手的伊。

他用力扭轉脖子，用力微微俯下去看伊一眼。伊也正好投過來冷冷的一瞥。這是不幸的視線接觸，雙方急忙把它挪開，挪到相反一百八十度的方位上。

不過，伊還是搭上他的私家車回府。伊是很節省的人。他明白這一點。

❋

依照雙方協議，賀小貞小姐在辦理手續當日就搬進四樓空房居住。伊是最有原則的女人，也是嚴守諾言的人；在那個殺千刀參與死選舉未揭曉之前，伊決定維持他那可笑的形象，伊不會去張揚離婚的事，不會失信搬出去。

當然，伊也不會回到那個大圓床去；伊不是那樣沒志氣的人。可是，自己一個人在空蕩蕩四樓住了三、兩夜之後，伊有些後悔了。不，是心慌吧；也不是心慌，應該是說，伊有些不甘心。

不甘心是很討厭的感覺；它一旦萌生，那就揮之不去，死死糾纏，後來不甘心參和了心慌，就有點像後悔了。

伊當然不是後悔離婚得太貿然，而是後悔那樣輕易放過那個死鬼，讓死鬼簡單省事就達到目的。

是的，死鬼很早很早以前，就有擺脫伊的念頭的，伊完全知道這點。

爲什麼說「完全知道」呢？因爲將心比心嘛！伊還不是剛剛結婚，甚至於「有關係」之後不久，心底就已然儲藏著那樣一個隱祕的慾望？伊相信，天底下任何一對男女——伊覺得用「一對男女」代替「一對夫婦」比較實際一點——情況都是差不多的。

不同的是，我賀小貞讓夢境成眞——答應離婚了，而且辦完手續；放棄那個舒服的大圓床，搬到這個鬼地方！

想到這裏，伊開始恨起自己來。

照以往的作風，伊會立刻行動——奔下樓去，向那個死鬼表達自己的想法與決心。可是，現在情況不大一樣；也不是情況有異，而是心境不同。這條樓梯顯得特別狹長而又十分陡斜，未舉步，腳掌膝蓋部位就有一丁點痠軟啦。

這是一棟坐落臺中市南區的四樓獨棟洋房，位在舊市區的尾端，新社區的入口。第一樓開一間不大不小的日用百貨店；一年多來由伊掌櫃經營的；辦完「手續」的下午，死鬼就叫來兩個堂妹接管啦。

「好快，好順當！果然是早有預謀——我……」伊，只好承認後悔。

當然，這還不是單純的後悔，而是……對，是一種憤怒化身的後悔，換言之，心底，就是憤怒，惱恨罷了。伊認清這點之後，心裏倒是舒坦了些。

「既然這樣，該當如何？」伊，陷入沉思中。

實際上，伊僅僅沉思了三秒鐘就獲得了方針。

喔！請莫誤會，認爲三秒鐘的思考，含有草率決定之意，不，不！事實絕非如此。關於這點，得從伊非凡的堅强沉毅性格說起；要了解伊的性格，自然又非一探伊的生長背景不可。

伊的娘家，在南臺灣岡山附近，舊名「赤山」的小鎮上。據說這裏是臺灣最熱的地方；伊家自祖父以來就開了一家鐵工廠，專做粗重鐵板加工的工作。

姓楊的，曾經在嬉笑中，說伊的倔烈强硬脾氣，和赤山小鎮的烈日有關，和三代敲鐵塊有關。他說：

「人是環境形勢的產物，人的性格，正是生活環境的反應。」

當然，對於姓楊的歪論，伊是嗤之以鼻的，懂得生物學膚淺常識的教員，大談環境決定論，不但是可笑，簡直是可恥嘛！

不錯，環境形勢，會强烈引導，或造就一個人的脾性，但姓楊的不明白，人，還是本能底，或者說，主動地，接納或排斥環境形勢的可能引導或造就啊！

如果就這一點看，伊絕對認定自己的資質遠遠超過那姓楊的。

不過，伊倒是承認，生長在鐵工廠的環境，這個事實，對伊的性格，甚至於人生觀，影響至爲深刻重大。

鐵工廠，是龐大的建築，器具是烏黑粗大的，鐵板是沉重厚實的；那些工人，包括記憶中的祖父母，以及父母、兄弟，都是粗壯黝黑，力大嗓重而又沉默的一羣。

記憶中，家居生活，大家都不愛講話；習慣以手勢和鼻子的哼聲表情達意之外，最管用的是彼此那複雜精微的眼神。是的，伊自十一、二歲起就深深體會到，眼神在表達上的捷便與妙趣了。

遺憾的是，姓楊的那個笨蛋，卻是天生一雙絕無表情的金魚眼；相反的，他那長臉上的大嘴巴，幾乎二十四小時，少有停歇的分秒——失身於這樣一個人，唉！也是氣數吧！

話說回來。伊覺得鐵工廠給伊最大的影響，還是那個鏗鏘又沉實的敲鐵板聲。那是記憶底層的聲音，那是響自童稚那一端的伴奏，陪伴伊成長的進行曲。

在高女階段，讀商專夜校期間，偶爾會有同學來伊家找伊。那些女孩幾乎異口同聲地表示，不能忍受那遠近輕重成串成羣的敲擊鐵板——的美妙聲響。

伊只是笑笑，輕輕搖頭，不置可否。伊心底卻不免蔑之：沒用的女娃！不堪一擊的淺薄東西！

是的，伊是從那鏗鏘沉實的撞擊聲中，領會了些許生命的信息。生命，是要不斷接受打擊的，也唯有承受打擊才會爆出美麗的花朵。

問題是，你經得起那些敲擊嗎？

問題是，你懂嗎？哼！像姓楊的那個淺薄男子，除了市俗名位，又懂什麼？

答案是，伊，確實在那無窮無盡，緜緜不絕的敲擊聲中，已然發覺：自己是一塊能夠經得起任何打擊的厚實鋼板。

「鋼板受到打擊時，絕對不凹塌，絕對是反彈那打擊力量！」這是伊歸納出來的做人原則、原理，在實際人生事務上，除了這回處理婚姻問題時，成爲最高行動原則外，在就讀夜間部商專的時候，也運用了一次。

記得是三上期中考的時候。那時伊已經在家營鐵工廠任會計三年多，伊不是爲學歷，也非爲職業去讀夜校的。三專夜校，又要苦讀四年，算什麼呢？伊只是閒空無聊，找一種殺時間的方式罷了。

一、二年級，輕鬆混過去了，三上的「市場學概論」，由一個留學土耳其的年輕副教授任教。此人神經有毛病，不知道夜校的「特質」是什麼，期中考竟然玩眞的啦！

如此這般，全班嘩然。於是全班「三分之二」通過決議：置之死地而後生——準備「袖珍教材」吧！

伊把「教材」貼在裙褶縫裏，然後氣定神閒地趕赴戰場。考試進行十分鐘，除了會的之外，都是生面孔啦，伊只好聚精會神地拿出「本事」來，不幸的是剛剛露出一腿，那個神經有毛病的土耳其，站在背後就喊啦：

「拿出來！」

「什麼？」

「妳的腿……」

「什麼？」

「妳的大腿！」

「什麼意思？」

「妳的大腿上……」

厚厚的鋼板，在承受敲擊時是不會凹塌的，它只有强烈地完全地反彈打擊的力量。

「老師……你，你放莊重一點」伊不疾不徐說。

「什麼？賀小貞妳？……」

「老師你，怎麼可以盯住女生的大腿……」

「——哇哈哈！哈哈哈……」

這是一齣留下無窮疑竇就匆匆落幕的喜劇——校方爲了「顧全大局」，並防範「另有居心者破壞」，決定不作任何追究或處置。

伊這塊鋼板，那一年的「市場學概論」，以超低空安全飛過；從此，伊對「大腿教材」細心研究，技術愈精。一年後伊光榮地拿到專校畢業證書。

伊在生長環境中，體會到的另一人生精義是：沉默是金。

不過，伊主張的「沉默」，並非一般人充滿退縮心態的那種「不敢開口」；而是「不肯開口」、「拒絕開口」。兩者是不同的；後者是靜態的攻勢，蓄滿出擊的旺盛鬥志。

記得在小學階段，伊就擁有一個別致的綽號：「絕交公主」。「絕交」：在小學生的命義是：不交談，不交往。伊的態度，像公主那樣高傲；伊是全年級和最多人絕交的公主。

到了國中、高商，伊還是維持一貫作風：保持平均不和全班二分之一的同學說話的紀錄。

實際上，伊不是隨便與人絕交的，或者說，在伊的深刻思考裏，絕交本身，正是一種交往的方式。這是伊高明的地方。伊知道，在一個生活環境中，每一個人的存在，都會影響到其他任何一個人；而其他任何一個人，也必然或多或少影響著自己。

既然事實如此，那麼以「絕交」的方式與人「交往」，一方面可以保持距離，以策安全；二方面，更會引起絕交對方對自己的「警覺狀態」，也就是更在乎自己的存在；三方面，又可以提醒自己，時時在對方的敵視之中，應該特別檢點自己的言行。總之，這是很積極、很安全的生活方式啦。

如此說來，伊是近乎天縱英明囉？唔，那也不是。追根探源起來，伊的絕交哲學，還是家學淵源，其來有自呢。簡單說起來，伊的絕交譜系是這樣：

伊的母親和祖父母——因為年歲邈遠，而伊生也晚，無法求證——在伊能記識以來，就未曾交談過一句話。當然，在這種遺風流韻下，伊在小學五、六年級以降，早就和母親「絕交」了。

——姓楊的死鬼曾經開伊的玩笑，問伊：

「妳們母女，碰上非交換意見不可時，怎麼辦？」

「用眼睛嘛，還有手勢……」

「如果很複雜的事務呢？」

「我們家沒有什麼複雜的屁事！」伊惱啦。

「萬一有呢？我是說總難免一次？」

「……用寫！」伊說。

是的，伊的絕交哲學和「絕交技術」，在跟姓楊的交往戀愛起，也用在楊本人，以及楊家親戚方面……。

伊對於「絕交行爲」的執著，就像讚美崇拜的厚實鋼板一樣，是不會退縮或變形的，是絕對堅持到底的。

伊跟母親倆，這二十幾年，一直未曾破壞絕交的堅持；絕交——這時的意義只是不說話而已。在伊來說，已經成爲一種誓約，一種齋戒。伊相信母親的心意也是如此的。所以在伊出嫁的時候，伊母女並未破戒；在伊跨上喜車的瞬間，伊抬頭注視母親一眼，母親雖然嘴唇微微牽動，結果還是以眼神道別而已。

伊，就是這樣一個不平凡的小姐，婦人。

伊嫁給姓楊的之後，也維持鋼板的風格，以及絕交——不交談的武器，一年來，可謂無往不利，所向披靡。姓楊的，只有低頭認錯，不斷要求恢復邦交一途而已。

伊憑著特異的稟賦，在一經人道之後就洞悉了婚姻的眞實；所謂結婚，就是白天交換著惡劣的感情，晚上，交換著惡臭而已。伊看透了姓楊的這個男人啦。

——現在，這個死鬼，居然答應伊離婚的要求，置伊威脅於不顧？難道我賀小貞估計有錯？或是賀小貞我錯了？

嚴格說起來，不能說不是一樁小小意外呢。

惱人的是，現在，有點心慌、不甘、憤怒；嗯，算它是某程度的後悔啦。

不過，事情，還未到窮途絕境，又何必灰心喪志？姓楊的這個男人，還眞能逃出我賀小貞的掌心嗎？伊想。

想到這裏，伊輕輕吁一口氣。同時，伊下定決心：鞏固陣地，絕不撤退；堅壁清野，困死敵方……。

✻

沸騰喧囂的縣市長暨縣議員選舉，於那年六月落幕；楊大俠先生以三十八票之差，痛失爲民喉舌良機。

這個結果，不能說不是一個打擊。但是失之東隅，收於桑榆，這一場選舉卻替他割除了「人生之瘤」——他向來以「人生之瘤」來形容他的婚姻。

於是，他打起精神，照常生活教書；更重要的，豪情不減的他，迅速組成一個「互助會」；以「會頭」身分拿下頭期會款三十萬，再東湊西拼，湊足四十萬元大鈔，趕緊交給賀小貞，請伊早日「搬家」。

「小貞：這三、兩天就搬吧。錢，我備好了。」他在樓梯口跟伊說。

「錢拿來，我明天就搬。」伊嗓音靜如止水。

「那，明天我就交錢給你。」

「不行。我搬走了，你不付，怎麼辦？」

「先給了，妳不搬怎麼辦？」

「搬，很容易，從你口袋裏挖出錢來可不簡單啊！」

這是一個難題。楊大俠很快就想到，該由兩位離婚證人居間處理，可是印章是偷蓋的，如何向人家開口。

氣人的是，那個潑婦似乎毫不焦急；天天定時作息，還大事添購家具呢？看樣子，好像還找到了什麼謀生工作。

他利用沒排課的一個上午，跟踪伊的行止，結果發現伊進入一家會計事務所：看樣子，伊是找到飯碗了。

這個晚上，他仔細地，深刻地想了一夜，終於給他擬出一套嚴密可行的「付款辦法」來：

首先，他請來兩位交往密切的朋友，說明如此這般，要求他們當在場見證人。其次，以毛筆正楷寫妥取錢收據乙份。

最後找一個吉日良辰——禮拜天早晨，約來那兩位見證人，趕早站在第四樓房門口，侍候賀小姐起床開門。

八點一刻，四樓正門呀然而開，三人魚貫進入。

他說明來意，心意和誠意，之後奉上四十萬元大鈔一綑，收據乙份。

「請點數看看。」他說，垂頭摒息地。

「不用了。」伊未上粧，臉色很差。

「請簽名和蓋章。」

「簽名好了。我不蓋章。」

「爲什麼？」

「我的印章，只用在結婚、離婚，和購買不動產上……」

「……」三人你看我，我看他，他看你。

「好吧。」楊大俠豪情萬丈：「那麼，什麼時候搬出去？」

「拿了款子就搬呀！」伊蒼白的雙頰，陡地湧上紅暈：「怎麼？怕我賴著不走？」

「……不是啦。」

「怕，就取消嘛！」

「取消什麼？」他心口咚一聲，被擂了一拳似的。

「哼！沒出息！」伊一翻白眼：「你還怕我不付房租？」

「咦？妳怎麼這樣說？妳該拿了錢就……」他心急意亂，恍然有跌入惡夢的感覺。

「好啦！好啦！嘻嘻！」伊玉腕翻飛，簽上名字，狠狠朝兩個見證人盯一眼，然後把收據當飛鏢甩向大俠：「你們可以走了。我三天內搬走就是。」

重壓一卸，楊大俠的身子驀然要飄浮起來；兩位證人一臉愧窘，急急施禮退出。

等待，是難挨的。等待付了「搬家費」的離婚女子搬走，更是難過；尤其讓楊大俠這位豪士，等待賀小貞這樣一位小姐撤走撤退，焚心痒神，眞是辛哉苦也。

這棟樓房，除第二樓是客廳和起居臥室，第三樓是大俠的書房，和放置動植物標本的非正式陳列室——婚前，有一段時間，他曾經醉心於動植物標本的研製上。另外就是一枱桌球的設備。

這三天兩夜期間，除了授課之外，他都留在書房裏；書房，就在四樓的臥室底下，換言之，那個潑婦就躺在他的頭頂上。

如此想像模擬，是很苦澀的。但是他一再提醒自己大丈夫要逆來順受，眞俠客得處變不驚；他要自己成爲世界上第一個知道伊搬走的人；爲此，他要知道——看不見；只靠感覺——伊在未離開前，在四樓上可能的一動一靜。

——他知道此女絕非凡品；既非凡品，就得防著伊可能有的非凡舉動。至於哪一類舉動，自然不宜枉加測著，不過，心裏有那樣一絲隱約星光就是。

另外，爲了防止任何突發事件，以及可能變化，他採取了兩項措施：命令看管店舖的二位堂妹，熟記一一九和警局的電話號碼，準備隨時聯絡；同時要求伊倆輪流監視樓梯口。

至於他本人在書房期間，門是虛掩的，並留一線小縫以便察看四樓的動靜。

他當然知道，伊不會想不開，採取尋短見之類行動。伊絕對不會的。可是他擔心伊，在離開之前，或者離開之際採取什麼「反擊」或破壞行動，甚至於……唉！這樣瞎猜是不道德的。想到這些，他有些羞慚起來。

等待的分秒雖然特別緩慢，日起日落，晝夜交替，畢竟如常進行。三天兩夜過去了，到了第八天，這天是禮拜日，看看是近午時分矣！四樓上仍無起駕遠行的馬跡蛛絲。站在四樓門口一個鐘頭以上的楊大俠，忍無可忍，還是再忍，再忍又不能忍，祇好輕輕敲門一探究竟。

「賀……小貞！開！開門！」

門應時而開。

萬分意外的是，小貞小姐打扮整齊，朱唇玉顏，披風高跟，俏婷婷地站在門口。換言之，兩人相距相對，僅僅盈尺而已。

「妳，妳要出去？」大俠突然找不到原先想妥的話題啦。

「這……拿去。」伊遞過來一個粉紅的信封。

伊喜歡粉紅色的衣物、飾品，以往伊的情書，信封信紙也都是粉紅色的。大俠急急抽出封紙來看：原來是五百元新鈔一張，另加便條曰：「奉上六月份房租五百元，請收查，承租人：賀小貞。」

楊陡地怒火奔騰，張口要罵，揮拳要捶，可是伊早就下樓了；凝神瞧去，只瞥見伊白色高跟的左腳跟在大門口一閃而逝……。

伊始終不肯搬出去。大俠用盡所有辦法都無效。他拒絕收受房屋「租金」，伊就以雙掛號寄達。他拒收掛號信，伊便託人把裝上租金的信封，送到學校請校長代收轉交……

這一招，使得楊大俠心驚肉跳。由這一招，那痛心的往事，又浮上腦海：

和伊認識，進而陷入「情網」，是在服役期間；服役期間，是男人最寂寞最無聊時候。

不幸的是，就在那種情況下，交上了賀小貞；更不幸的是，心理上才認識三個月，雙方就「認識」了對方的肉體；肉體裏面有魔鬼，尤其賀小貞平凡姿容，骨肉勻稱的胴體中的，竟是魅惑力極强的魔鬼；大俠身體裏的魔鬼，一遇彼魔鬼，竟然全無抗拒之力，吃得也死脫。

也許這是生命的正常現象，俠士的必然弱點，問題是，賀小貞的魔鬼迷倒大俠的魔鬼之後，伊本人也化成一尊魔鬼，緊緊地、死死地纏住他。

伊最絕的一擊是：稍有違逆芳心，伊便在公開場面予他難堪。

記得在一個禮拜天，兩人爲小事鬧得很不愉快；他提早在下午三時就返回軍營。到了晚上八點多，值星官突然找上他；揪住他的胸口，直拖到會客室……。

在會客室裏，伊，賀大小姐，衣衫不整，酒氣沖天地半坐半躺在沙發上。

「衞兵發現伊躺在營門口草地上，伊說是楊待袷你的未婚妻……」值星官說。

楊大俠他，獲得「特別假」，送伊回家。可是回營之後，他以破壞營譽之罪，被關禁閉一週，餵了一週的蚊子……。

另一樁傷心往事是在任職國中期間：

那時兩人已經訂婚——訂婚幾乎是在伊半强迫狀態下完成的。因爲伊騙他說，伊已經身懷六甲，不趕快訂婚結婚，伊便找校長「理論」！

那是一場荒唐鬧劇：伊不知從哪裏聽到的謠言，說他和同校的范姓女老師熱戀。伊說：既往不咎，現在立刻給我斷絕來往。他說：只是偶爾一起討論教材而已。伊說：以後，討論也免了，男女一討論，還不是……。接下去，話，說得不衞生極了。他强忍心中的惱怒，吸口氣說：遵命，好了吧？伊滿意地點點頭。

可是，這件糾纏竟沒完沒了。某一個晚上，兩人見了面，又爲這樁笑話吵一頓。伊的臉色本來嫌白，一經吵架的激動卻紅暈泛起，忽然嬌艷起來。情況發展到這裏，難免的——和往常一樣——一方半推半就，一方寓有意於無意的動作。總之，纏綿了一場。之後，爭執又起。大概人在這個時候，腦筋特別清醒，體力又耗損太多，所以怒火特別難以控制。總之，這一晚吵到底，不歡而別。

第二天，校長未參加升旗典禮，他剛回到辦公室，工友先生就把他請到校長室。在校長室裏，賀大小姐滿臉蒼白，一頭亂髮如喜鵲之巢……。

校長的臉孔，好像泡過水，剃光毛的豬頭，白裏泛青：

「楊老師，你做的好事，賀小姐全告訴我了。」校長一字一句說。

「我？我做了什麼？」他感到脊骨的末端迅速放射一股奇熱。

「在外玩弄感情，欺負女性；在校內調戲女生，勾引已婚女老師……哼！看你怎麼接我下年度的聘書！」

這是侮辱、汙衊、誣賴、造謠。但是，它來自未婚妻賀小貞。是可忍，孰不可忍？可是對於伊，他不能不忍——伊說：一個月內不到法院公證結婚，那就在法院刑事庭見面；伊要告他强暴，伊要拿腹中那塊肉作見證。

他吃下人生的苦果，乖乖接受伊的要挾。在公證會結婚時，他忽然想起一句名言：對某些人來說，也許是不幸的事；對某些人也許是一種幸福。如此一想，他就有些心平氣和啦。

當然，校長老兒的當面羞辱，他無法討回公道；他只好掛冠而去……。

——這些往事前塵，讓他痛定思痛，而且越加戰戰兢兢；他楊大俠今天的身分，已然迥異往日，再也不容任何損傷了——敵對派系鷹犬，日夜環伺，豈能大意嗎？

想到這裏，不覺豪情頓消，英雄氣短；英雄如何一抒心中塊壘？那就是美酒杜康吧。他開始，清醒地、有節制地喝起酒來。正因爲心中清醒，且時記一絲節制的意念，所以酒量越來越好。

好酒量的人，難免有時過量；過量不是酗酒，不過，偶爾還是難免酩酊大醉的。酩酊大醉，是最容易情緒激動的，這一激動，派系的恩怨，與賀小貞的情仇，便漫天瀰地的湧上心頭。

「賀小貞啊，賀小貞……」

他唸唸有詞，他咬牙切齒；他又笑又哭，腦海不斷浮現那張小小的臉，當然偶爾也映現肌骨勻稱的胴體……。

他好恨，卻在腦恨中混含些別的什麼；他好不甘心，被一個兩腳婦人整得七葷八素，唉唉！兩腳婦人……

這個兩腳婦人，就在他的頭頂上坐著，或者躺著。喔，不，還隔一層屋頂吧！惱火的是，他的屋頂，正是伊的地板，所以正確說來，伊確實是坐在或躺在他的頭頂上！

「幹咧！」一聲吆喝，人也站了起來，自然地，酒氣湧得更猛。

「幹咧！幹伊咧！」

他越罵越大聲。這個詈罵的聲與義連鎖起來就是一種發洩，一種快感。每一族羣都有他們源遠流長，植根於文化基礎的「族罵」、「國罵」。那是族羣潛意識的產物，身心平衡的妙方之一。

總之：楊大俠幹得意興遄飛，鬥志越激昂飛揚，他一不做二不休，一個虎步，跳出門外，然後輕功乍展，一記淩空虛渡，登飛樓梯，轉瞬之間，就置身四樓門口。

——「叮噹！叮噹！叮叮噹噹！」他猛按門鈴。

「誰呀！」

柚木雕花門緩緩打開。楊大俠他，直冒酒氣的火紅雙眼，所觸及的，竟是一個媚態橫生，巒峯隱約的熟悉魔鬼……

事後，楊大俠經常引用卡夫卡的一句名言來替自己辯解：「在三更半夜中按錯門鈴，不能做第二次的更正」嘛！

從此，情況就複雜起來。

從此，伊一再要求再結婚一次，他支吾以對，拖延下去。當第一個女嬰出生，他完成認領手續後，表示願意辦理結婚，不過，伊得退還那四十萬元「搬家費」。

伊斷然拒絕。此後又一段冷戰。一年半後，伊生下來第二胎，是一個男孩。

此後兩人一而再，再而三地為同居、再結婚、四十萬元「搬家費」等名目爭執不已。不過爭執是一回事，以平均兩年生養一個子女是另一回事；兩者是不相衝突的，這大概是因為兩椿活動的場地距離太遠吧？

從此，賀小貞女士，完全享有楊大俠夫人的權實，卻不必擔負洗衣煮飯的家務雜碎；伊的伙食，大致說來是獨立的。

伊的生活相當儉樸，自從生下男孩之後，就辭去工作，專心養育子女，伊的日常所需，十九取之於那樓下的雜貨店；不用現付，不必掛帳，只是相當節制取用罷了。

對於楊大俠的生活，伊只關心大處大事部分，例如感情走私、賭博與投身選舉三者，伊是必然過問的，其他，伊看得很淡。

楊大俠起初，頗為懊惱，相當後悔，深深自責，他知道，飲下毒酒之後，才會產生甜蜜的感覺，那是情慾的結果——這個道理。

不過，漸漸地，他有些看開了。尤其年事漸長，感悟逐深之後。

「這也是一種生活啊！」他想到這點。

是的。「兩人相愛，往往不會有幸福的結果」。海明威不是這樣說的嗎？

那麼，今天，這種同居而分開的生活，各取所需，共有子女，也不是滿有趣嗎？

生存下去，畢竟是有意思的。他想，他不會忘記自己是思想家這一點。

卡繆說的：「如果生存沒有絕望的話，就不會產生對生存的愛。」現在，楊大俠他，覺得很喜歡目前的生活；他愛那些不見得不可愛的四個兒女，他也珍愛自己；至於那個女人，唉唉！怎麼說呢！反正，無論怎麼修飾，也無法套上愛字就是啦。

這且不管它。他在現階段只擔心一點：據小貞伊說，大女兒楊秀麗，已經兩個禮拜不跟伊講話了。

輯二

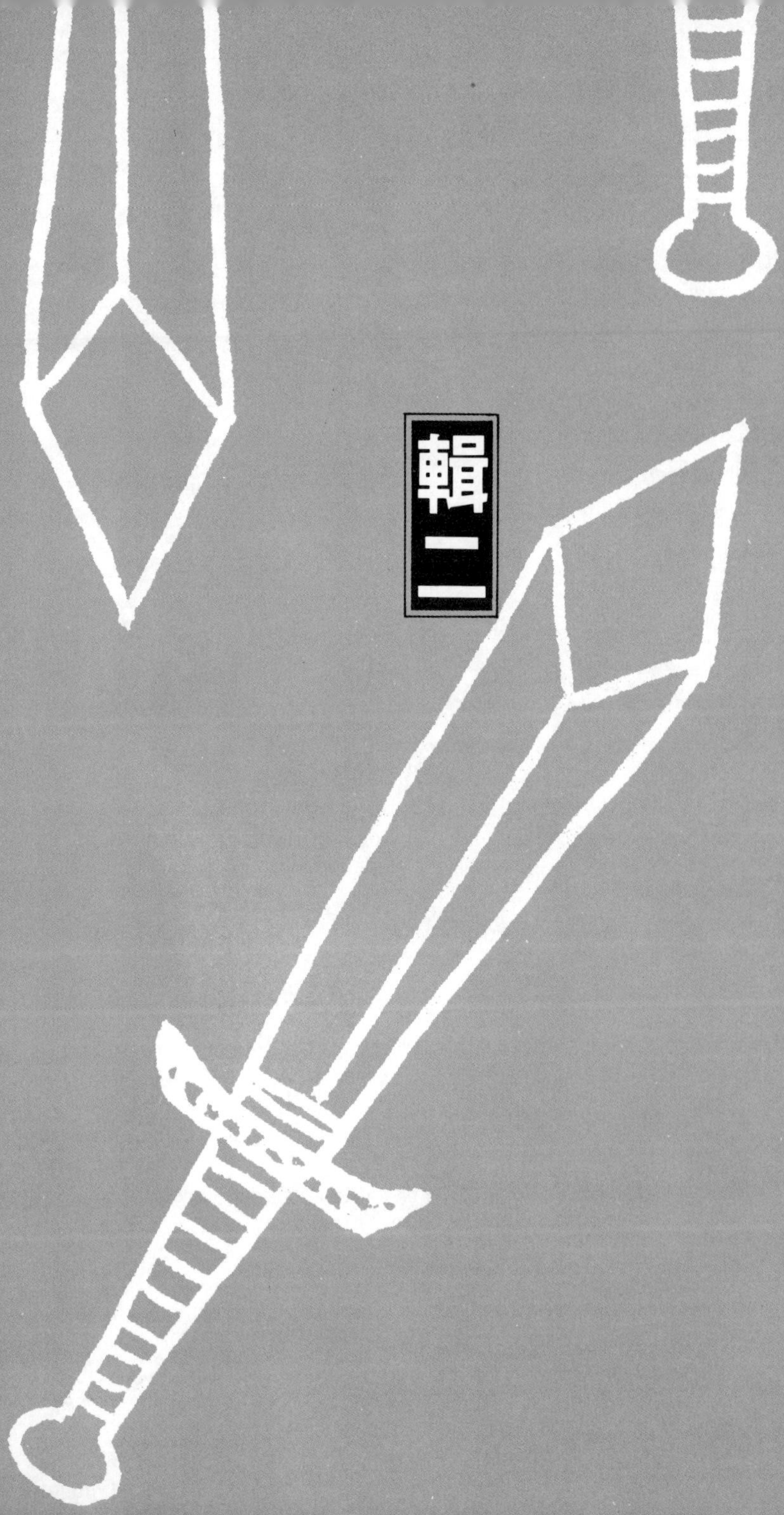

「死胎」與我

編輯先生：謝謝你一再邀稿、逼稿。抱歉的是我實在寫不出作品來。年來我一直很墮落——不思考不再創作。我不承認江郎才盡的說法，但是寫不出小說是事實。對外說是雜務纏身沒空執筆——你知道我爲了養家活口養了些蘭花。另外，哈，近年來我參與些什麼活動你也知道的。

——而事實上，年前我才奮力完成一篇四萬多字中篇小說〈死胎〉。喔，不，〈死胎〉不能交給貴刊；對於一個終生矢志小說的人來說，大部分作品固然是寫給當代人看的，少部分是想留給後代人讀，而三數篇特異作品卻是寫下就是完成，連自己也「不忍」或「不敢」回頭看呢。例如〈死胎〉就是這種「東西」。

我要明白相告的是：自從去歲完成〈死胎〉之後，那創作小說的靈動力就倏而消失啦。不只這樣。在〈死胎〉脫稿幾天之後，那天晚上我貪杯喝醉了；當然如何橫躺床上我不知道。在昏沉蒙迷中好像做了一場畸夢，見到某些怪異景象，不幸的是那怪異景象在我醒來之後一直揮之不去——就是一年多以後的現在，還是無法把它從腦海袪除清淨。之後，我說幾天之後的晚上，當我「需要」有所表達的時刻，我愕然發現自己失去了某些能力。自此，我就有了生理的困擾。我想是〈死胎〉這篇鬼小說害了我；這篇作品的材料，或架構成篇的過程的某些妙微的質素傷害了我。我就是這樣感覺自己已然是病人，也從此不再寫小說了。

——我這樣推想絕非黑白亂扯，而是經驗之談。記得當年寫《寒夜》三書中的《荒村》時，正是「美麗島事件」大審判期間。我一人在景美半山腰朋友家，獨自一人脫光衣褲浴汗直寫二〇年代臺灣人抗日的激昂情節（夏日缺水，所以裸身），而「感覺」甚至「觸覺」以及眼前腦海浮動響起的卻全是目前現下的悲壯現實。這段寫作經驗我將終生難忘。那時三十多天中我寫下十八萬多字《荒村》的情節，可謂一氣呵成淋漓盡致。那是我平生寫作的「速度」紀錄。意外的是，以後足足三個月的時日，我，不能了。那是暫時性的。〈死胎〉之後已過三百六十五天，我一直不能；我也就寫不出小說來啦。

爲了把「事實」經過全盤托出以證明我非亂說，以下我把〈死胎〉的故事來源、蒐集資料過程、執筆中種種思考——統統告訴你。這是第一部分。其次把「得病」的情狀也敍述一下，最後我還想告訴你我個人對自己的不幸的看法。當然啦，我把它寫出來，主要的還是用來證明我不是擺架子不識抬擧，而是實在寫不出小說來。另外，還有一點額外的要求：請你這位歷世深刻人情透達的老編，能夠撥雲摘月給予我一些治療上的寶貴意見。好嗎？

〈死胎〉的故事是在十多年前聽到的。

當時我還在本縣省立高級中學敎書。故事是我們的新任校長——所謂靑年才俊，三十歲剛過就榮任省中校長的徐傑夫君告訴我的。徐君上任不久知道我是「寫小說的」，在一次閒談中告訴我這個故事——是他在某敎育學院任敎時一對男女同事間發生的事情。

——因爲徐傑夫君可以說是影響我極大的人，所以必須順便介紹一下。徐君苦學出身，是國民黨培養出來的本省靑年才俊。據他自己介紹，在取得碩士學位後就在敎育部任職，掌管美加地區留學生的安全檔案。後來由陞官的老師帶到敎育廳當督學。一年後下放爲省中校長成爲我的頂頭上司。

我說徐君影響我極大，是指兩方面：一是「丢」給我〈死胎〉這種小說素材，害得我可能終生不克「自救」；二是這位「青年才俊」言行及種種表現，充分顯現「大陸性的陰險深沉」以及「海島性的苛刻浮躁」，使我幡然醒悟國民黨統治者的極限與不可期待，因而走向今天的反對者之路……。換言之，徐君之於今天「這樣的我」，是有極大影響的，而徐君弄來〈死胎〉的素材，直接害苦了我。因因果果，難矣哉。

〈死胎〉的故事是這樣：吉玉寒小姐與許土金先生是臺灣中部某教育學院的副教授。兩人都到了適婚年齡，或者說都過了適婚年齡。如此這般，她和他在幾分湊合的心情下結了婚。兩人都是一樣，在新婚期間是肉體活躍的時刻，心性習性昏睡的日子，接著就是逐漸恢復脾性的時候了。吉許兩人就在這「交替時刻」發現玉寒已經懷孕。

爲人母爲人父是令人激奮喜悅的，可是這個夫婦密切關注的焦點卻成了兩人衝突不快的新高潮。意思是說，兩個人談及婚姻起到上床完成周公大禮，一直到「不知不覺竟懷了孕」，始終是衝突爭吵不斷；有了「愛的結晶」應該是從此化除芥蒂爲情愛融合一切才是，然而由於兩人生活背景、門第太過懸殊，對於「愛的結晶」的希望——是男是女，命名，教育計畫，甚至未來娶媳選婿都發生兩極端的爭執……

——聽起來「其中」確實大有「發展」餘地，我興致勃勃地問徐傑夫：

「那位吉玉寒小姐，哦，教授，是啥來頭？」

「伊，吉雲天，吉將軍的獨生女！」

「吉將軍又是什麼東西？我沒聽過。」徐那誇張的神情語氣令人不快。何況四十年來的臺灣，所謂將軍好像是十分冷門的存在嘛！

「在大陸——時期，唔，有一段時候行省之外，還把全國分成東南行政區、西北、西南行政區，還有東北特區等等，你聽過？」

「你說中國——中共的行政區？」

「不是啦！是抗戰時期！」

「是國共對抗那個……？」

「唉！抗日嘛！八年抗戰你不懂？」徐君有些惱啦。

「是。八年抗日，一寸山河一寸血，吉將軍吉大小姐又怎麼樣？」

「吉雲天將軍曾經是東南行政區長官！」徐某特別提示我：「那是管幾個省長的超級大官哪！」

「好啦！那又怎麼樣？超級大官的獨生女大概還是七情六慾俱全、兩隻乳房一張嘴的

『女人』吧？女人愛男人、結婚、上床做愛……怎麼樣？」我說著說著，那「自動」洶湧而來的「話」竟沛然莫之能禦！

「咦？李老師你？怎麼說粗話了？」徐校長及時提醒我。

「……」我拿眼神提醒他，有屁快放。

「試想想：這樣一位金枝玉葉──據說伊具有遜清皇室血緣咧──又是留英的文學碩士，要匹配伊，可不是簡單的囉！」

「不幸的是，那個姓許的是個小參謀後人？士官長的兒子？」

「不是啦。問題就出在這裏；在伊年紀相近的男孩子羣中，無論人品學識，沒一個配得上伊；伊認識的，又都是吉將軍麾下──屬下或使喚人的孩子，吉玉寒大小姐伊，怎麼甘心鳳凰配烏鴉？」

「所以，青春蹉跎，朱顏漸改？那許……？」我想笑，同時心頭一動。

「不錯。歲月不饒人，管伊大小姐皇親國戚，還不是……所以伊只好在『不必論門第』的新階層裏選上了──美國麻州理工學院工學博士姓許的。」徐某說著說著一臉曖昧的陰笑。

「喔，校長所謂的不必論門第，是指以西學──博士金招牌取勝囉？那很好呀！」我知道這其中還有奧妙。

「很好。可是——你李老師也是學教育的；依心理學研究，人格的基本在六歲前就固定下來，而童年環境對於一個人的習性想法……」

「是是。校長專攻教育心理學我知道——別拐彎了！到底許博士『六歲前建立的基本人格』出了什麼差錯？」我忍不住話中帶刺。你知道？這位「教心理學」的，在一場面對學生的三十分鐘演講裏，扯到佛洛伊德部分，半路出家的我就揪到他兩個謬誤哪。

「許士金博士是個草地郎。他老爸、兄弟是燒木炭的——燒木炭這一行你可知道？」

「你是說，幸運的許某人是本地人——臺灣郎？喲喲！有趣有趣！」我的精神一振。

「正是。標準的窮家子弟，苦學出身。哈哈！」徐校長倏然滿臉紅暈興奮十分。因爲，他與那個男主角一樣是「苦學出身」的才俊也！

「好一個新階層，奇異的結合。」我在自言自語：「也是人間佳話一樁嘛！」

「佳什麼？天南地北完全不同出身的人，如何日夜親密相處？」徐某神色嚴肅起來。

「陰陽男女裸裎相向一張床上，什麼代誌不好商量？」我依然嘲謔以對。

「……」他瞪我一眼，卻突然詭然一哂：「你想：一個是講究生活品味，一個注重實際實用；一位愛骨董古畫、品茗吟詩、神馳故國河山、陶醉於細緻文化的醇醪；一個喜歡摸魚捉蝦、仙草茶楊桃汁、欣賞野臺歌仔戲、忘情在鄉情泥土的芳香。你說，怎麼得了？」

「哇！美！美極啦！校長：佳句！佳句吔！」對於徐某的咬文嚼字，我有點噁心，卻也有些嘆服。

「哦？不是啦。」他反應十分敏捷，領會了我的意思，急忙解釋說：「這個描述是我們同事——方志，方教授閒談裏所說的妙喻啦。」

接著徐某又生動地說出那兩個妙男女的妙事來：在這樣「特殊條件」下組織的小家庭裏，自然「一家之主」是吉大小姐了。自新婚開始，伊對夫婿最失望的一點是：伊餐必麵食；飯館的麵食伊不能下嚥，所以飲食必須自己操作。婚後滿以爲夫婿稍予教導便可以訓練成做麵副手的，誰知道此人笨拙得出奇，怎麼教誨都不得要領，根本幫不上手。更氣人的是這個人堅持「南人米食」的鬼理論，就是不願意享用伊親手料理的精美麵食；這個人最愛吃「蚵仔煎」、「豬肚（血）湯」、「豬肚煮仆菜」、「棺材板」……這？這算什麼留美博士、大學教授？

「想不得的，想著就要嘔哪！」這是伊的口頭禪。徐校長裝腔作勢，學吉大小姐說話。

「校長：你和那位吉什麼同事過？」我問。

「我應聘那年，伊剛好離職——聽說是這樣。」

「還有呢？兩個寶貝蛋，還有什麼妙事？」

「據說，吉教授最無法忍受的是：姓許的土蛋一回到家——那是學校宿舍，屋前有一大片美麗的朝鮮草——他一定要摔掉皮靴打赤腳在草地上蹦跳一陣子。他還堅持養了一對白鵝，說是爲了鵝糞可以驅走蛇類。想想看：那脚丫子沾滿鵝糞的骯髒模樣——吉大小姐能不嘔嗎？還有：在熱天，他在屋裏除短小內褲外，硬是要赤條條地。到了睡覺時，卻穿得整整齊齊的。聽清楚：他穿的是『家常服』，他拒絕穿睡衣。他說他有不安全感的毛病，穿上寬鬆睡衣上床，心裏反而不得放鬆……」

「唉！」我嘆了口氣。是眞的嘆氣。

「讓伊絕心恨上的是：婚後他不肯每十天北上拜謁岳父大人請安——這是伊嚴格要求的。據說這個規矩在遵行十趟之後就中斷了。任伊軟硬兼施，他就是死皮活賴趴地不起。他說：再去參拜，他一定會崩潰，會做出不可預料的舉動來。伊是被他最後一句話震懾的。因而只好咬牙切恨了！」

「那位吉老將軍這樣可怕嗎？多老了？」

「威儀如何不知道，可憐的許博士是受不了老將軍的訓話——這是老許直接向我說的：岳婿一照面，無例外的就是小女婿立正聆訓，時間也是完全相同：四十分鐘！」

「受不了！」我叫了起來。

「嗯，是受不了。」徐某說：「唉！如果知道老頭活不了幾年，强忍一段日子不就得了？」

「後來呢？」我突然感到乏味得很。

「後來吉大小姐——許太太懷孕了！」

「於是兩人以未出生的孩子爲中心，引發一連串衝突？無聊！」

「對。從此兩人是同一屋簷下的陌生人。」

「怎麼說？」

「伊說：孩子是伊的。是伊一個人的。伊把全部的愛、注意力全集中在孩子身上——肚子裏的孩子……」

「哈！」我笑了起來。

「伊把老公踢出臥房。伊從此不肯讓他……嘿嘿！」

「可憐的雄螳螂！後來呢？」

「後來？後來是瓜熟蒂落生下一個胖兒子。」

「於是伊就母子倆……」

「嗯，是這個打算吧？可是在周歲前半個月，白胖可愛的嬰兒突然死亡！」

「啊？什麼病？這一下……」

這是突然降臨的災禍。醫師病理生理、切片又染色研究了老半天，結果是：疑似肺炎，引發心臟衰竭而亡。

以後的變化急轉直下，夫婦倆所受的打擊可以想像。然而「災難可以促進團結」，喪子之痛後，夫婦重歸於好，再「團結」在一起。於是，三個月後許夫人又懷孕了。懷孕後的夫人在心理與行動上的「變化」又和懷第一胎時一樣。

這回生下來的是千金。這回夫婦倆自然格外小心護養小寶貝了。現在草地上的鵝夫婦早就被夫人強迫送走了。土蛋老公也不敢赤腳裸身，而且在生產前三個月，伊就把兩人的起居室完全分隔開來。說是爲了「衞生」，老公「感動」之餘唯默默接受而已。

可是女嬰出生十天之後，又以「不明」的疾症突然夭亡。接著第三胎是懷胎七個月就診查出胎兒死了。再三的打擊，吉大小姐精神完全崩潰，告假一學期，在娘家安養。這時吉老將軍已經逝世。吉老夫人陪著愛女，並強迫許一起接受「健康」檢查。爲了精密仔細，小夫婦倆還經過老將軍的老部屬特別安排，到美國做進一步的徹底檢查……

「是不是兩個人的血液有不合的問題？例如大家知道的母體帶有Rh-型液，胎兒血球細胞被破壞……」

「嗯。這樣的配合，可能產生『D抗體』，這些抗體滲入胎盤進入胎兒體內，破壞胎兒血球細胞，產生溶血性疾病。你說是這樣？」徐有意賣弄似的。

「反正就是這一類吧？」

「不是。這些，在國內也許設備不完全，到了美國檢查還會搞不清楚？我是說——老許當面告訴我的：他A型伊O型；所謂Rh-型問題統統沒有。」

「其他呢？例如：基因的突然變化。我是說，非病理的，而是生理的，遺傳學上的毛病？」

「這個……統計學的觀念來說是：有可能。但是這個可能，對於這樣的婚姻構成，沒有特殊意義！」

我大概能夠理解這句話的意思。有時候徐某還是頗能說出「合身分」的話的。他這句話卻觸動了我的「小說之心」——我有了比較奇妙的演繹：

「你是心理專家。你知道：由於强烈的感情作用，會使人的視覺聽覺發生嚴重扭曲或偏失，對不對？」

「對。面對强大不能報復的仇人，會突然『視而不見』，心理學著述裏有這種個案例子。」

「我的意思是說：縱然母親不是『Rh^-』型血液，由於强烈的心理厭惡排斥，那樣依然會產生有害的啥抗體？」

「應該是母體含dd（Rh^-）基因，而孩子是Dd（Rh^+）基因。」他糾正我。

「不是這意思。我是說：非『Rh^-』型的問題。非生理性的排斥……」我不大能夠說得明白：「我是指强烈的心理作用，引起生理的，甚至基因特性的變化！」

「不對不對！這個不科學。這是小說家言！」

我半開玩笑地告訴他：人類進化的動力，外言之是自然環境的壓力與誘引，內言之是心理強烈的「需求」驅使力；生物，尤其人類由心理追求而生理改變這就是進化的奧祕……

「可是……你的奇論即使有理，那人家第一胎出生周歲之後才突然死亡……講不通吧？」

是的，我承認「講不通」。但是，人間任何情況都可能發生的，不是嗎？這卻不管它。我想知道是這兩個不幸者後來如何了局。

「既然中外名醫結論都認定生理上沒問題，吉大小姐又在『不服』的執著下，重新修好，一年後再懷孕。」

「這回又出事了？」我想結果是顯然的。

「這個孩子十分健康，沒有任何症狀。」

「然後呢？」

「然後？嘿嘿，吉大小姐成為百分之百的『孩子的媽媽』；母子血肉相連，絕不能摻入一點沙子。這意思是說：從此許吉兩人是有名無實的夫妻，一個屋簷下的兩個陌生人。」

「可憐的草地郎。」我說。

「伊是招呼都不跟這個人打的，當然還不讓孩子跟這個骯髒漢接觸。」

「哀哉嗚呼！姓許的不氣死啊？」

「當然他會反抗、會爭。不過後來他突然放棄啦！他說一切自然就好。」

「不自然嘛！」

「更不自然的是：吉女士看他不爭不吭，反而緊張起來，怕他祭出什麼法寶來收拾伊母子倆……」

「結果呢？」

「結果伊在孩子就讀小學二年級時，透過伊娘家廣大神通送到歐洲去當——可能是臺灣的第一個『小留學生』！」

「好傢伙！」

「不好。出事啦！」

「孩子又突然……？」

「不是。是外國學校入學體檢出了破綻。」

「別賣了。快講清楚！是？……」

「可憐的媽媽看到血液欄的記載時，人一搖晃，暈了過去——這個孩子是B型，伊是O

型，許是A型……」

「A型O型父母，孩子B型……啊！孩子不是伊生的！」

「不錯。伊醒過來後，老許告訴伊：伊生下的那第四胎是男嬰，死胎。他知道伊再也禁不起孩子夭折的打擊，所以事先跟醫院研究，萬一還是死胎，請院方『設法』弄一個活嬰替代……」

「喔……」

「醫院的方法也不算完全犯法：是在人家同意下『讓出』嬰兒的，只是冒充親生不是認領而已。」

「當然生父母查不出來囉？」

「吉大小姐住進私人精神病院。事情鬧開，這個孩子出生之謎也成了新聞，還驚動地檢處主動調查——老許在『冒領』孩子後，實際上當時就跟孩子的生父母見面過；很簡單，那對夫婦就在學校福利社工作……」

「是食指過繁，忍痛割愛？」

「嗯。已經育了兩男二女，那是第五胎。」

「當然是本地人囉？」

「嘿嘿！也是本省外省配。唔，對了，那個太太還是你苗栗人咧！」徐某喜歡嗓音抬高壓低製造效果：「傳開之後，夫婦倆就離開了——我剛調來苗栗時老同事還知會我，聽說是轉到苗栗什麼聯勤單位開福利社嘛！」

「你說聯勤總部所屬被服廠嗎？就在我家斜對面！」

徐某慫恿我就近查查看。我不置可否。我不會去查的；一、這是故事主線之外的人事，不值得花費時間；二、算算已經是好幾年前的變遷，現在能否見到當事人大成問題。

不過徐某提的「故事大綱」已經相當完整。我似乎立即下定決心，一定要把它發展成一篇中短篇小說。當然，這個故事有許多盲點！還有不少疑點，另外就是「困難」：男女雙方一是大陸人，一是臺灣人，情節的重點又是死胎，下筆時如何避過「敏感症候羣」，說服「神經衰弱讀者」——，而又獲得藝術層面的成績？

我陷入欲罷不能，而又進退兩難的夾谷中……

❊

我決定這篇小說就叫做〈死胎〉。

首先我把「情節大綱」排列出來。

顯然的，〈死胎〉的情節相當簡單，但是隱含的「主題」卻不單純；我捨不得把它寫成萬字以內的短篇；爲了增加閱讀趣味，必須在「敍述的結構」上多花些腦筋。

最後我決定採取「半倒敍型」來處理——在情節的關鍵處，也就是發現第四胎是死胎的節骨眼上落筆；扣住讀者閱讀興趣後，倒敍前半情節，倒敍完成，然後以「現在式」敍述後半情節。至於後半的情節必然出現情緒激揚場面，尤其在嬰孩猝亡，發現掉包的地方。這些部分不妨摻雜使用片段的意識流技巧……。

敍述結構選定之後，其次是更重要的決定：要採取哪一個Viewpoint（觀點）？也就是用第一人稱或第三人稱來敍述好呢？是以吉玉寒的視點來敍述？還是許土金的？還是完全「中立」的「隱形人」？或者乾脆用「全知觀點」來進行？除這些之外，以那小學三年以前就夭亡的小孩角度敍述進行，也是另有魅力的技巧。可是有一問題：前半的情節無法敍述……

還有一個變通的辦法，那就是由第一個小孩和第四個小孩的「亡靈」來敍述。這一招要有高超的技巧。當然，技巧可以克服，但是另一陷阱無法擺脫：有些小說是要明說「眞相」的，有的卻不一定；反而是以眞幻莫辨，虛實參半的情節「刺激」讀者，而「主題」正好就隱藏其中。〈死胎〉的主題不在追尋眞正的「死胎之因」，而是暗示〈死胎〉現象背後的人間眞實……

這個問題十分棘手。

如果我以「吉玉寒」角度敍述，第一、伊的心靈世界，我這個截然不同生活歷史的作者，實在難以「進入」多少；第二，語言使用上也難以「接近」；第三、這個敍述角度展開的結果，我預計中那朦朧的主題意識怕是難以達成。（這是小說創作之祕，許多作品的所謂「主題」，在未成篇之前只朦朧的存在而已。但是你不能因它朦朧不明確，在下筆時不去避免有害於它之表達的一些因素。）

如果從許土金的視點來敍述呢？對於上述的二三難題固然大致解決了，可是，這篇小說如果不能憑藉「敍述觀點」的利器進入吉玉寒的心靈世界，那麼必然是失敗之作。這是身爲作家天生的「警覺性」，我不能犯錯。另一方面，許土金這個人在「小說中的對比意義」，絕對不能忽略的。換句話說：在情節進行中單靠吉大小姐眼光來「註釋」許某，或經由許某的觀點呈現吉大小姐——這兩種偏失都有損預計中的小說主題啊！

然則使用「全知觀點」直入吉許二人心靈深處如何？我反對這樣做。一、我向來排斥拒用全知觀點，那樣做立刻有「作假」之感直襲心頭，我受不了；二、前面說過，這篇小說的精妙處，不在「暴露眞相」。這篇小說，沒有啥懸疑可以吸引人；它的「痛點」，應該是在看似荒誕卻又不合理不科學的「現象」背後的「東西」。那「東西」是什麼？它是不明確的，我作者本人也說不出來。作者我，只告訴讀者：「裏面有東西。」就只是這樣。這樣就夠了。

由於以上的分析，那先前決定採用的「敍述結構」——「半倒敍」似乎無法使用了。我想了又想，決定把敍述方式更加複雜化。你知道嗎？一個作者如果境界高、技巧神妙，那麼正如武功高手，一拳一腿簡單明白而對手莫之能敵；所謂化高明爲平凡就是。唯有二流高手才會漫天掌影虎虎生風。我有些技窮之感，所以決定以複雜來藏拙。

我決定先設一個「隱形人」敍述故事源頭。第二段以吉玉寒爲敍述現實人物，情節到伊產下第四胎死胎爲止。其中重點有：表現名門小姐與草地郎才俊二者有形無形之異，人性中不可溝通的悲哀；伊對夫婿由迎而拒，由忍而絕的心理過程。再其次是如何以子代夫婿塡補心裡空洞的描寫，由忍受寂寞到「享受」寂寞的幽邃心境刻畫。這一段，如果「發展」自然，還打算讓吉大小姐在腦海顯現「神州河山之綺美，往日繁華之醉人」，並以對比「四季不明，山不高水不深」——現實環境的乏味……

第三段採取許土金爲觀點人物：寫草地郎的卑微情結，由留洋高知識砌築的人格特性，面對名門美媛的又愛又怕的心理；其中特別要以細膩側筆寫出似無又有的所謂省籍忌諱——這不好重寫，也不宜明寫；要隱約曲折恰到好處才行。

此段經營不好便落俗套了。這段敍述包括補填第一段空漏的情節，然後是交代如何爲了體貼妻子而掉包死嬰，寫此段婚姻中的委屈種種。特別要描繪此人是眞正熱愛吉女的；他願意忍受一些屈辱，被鄙視被排拒，但是他始終在「跟自己爭辯中」熱愛吉女。吉女瘋了，他不忍恨，或者根本就不恨，他祇是茫然，濃濃的茫然。他當然以父親的身分，好好地撫育那個也是受害者的小男孩。（據徐傑夫說的，許確實在全心全力培育他的兒子。他表現得極像發瘋前的吉玉寒。唉！一嘆。）

到此，經緯理路脈絡全部清清楚楚明明白白啦。

最後一項：在下筆前我必須「自己清楚」而「寫得模稜兩可」的。那就是這個小說粗看之，是在處理省籍差異的糾葛；深入細讀之會發現它不是；而掩卷默思之後又似乎隱含中臺歧異的因子在裏面。擺明的「素材」是：臺灣籍的草地郎青年才俊和大陸名門小姐結合，其中齟齬扞格明指的是「中臺之異」，然則「死胎之因」又不是遺傳學上血液理論的徵候，到此不是箭頭直指「敏感問題」嗎？可是後來掉包的小男孩，卻正是「中臺合作」的結晶——活潑蹦跳並非「死胎」！現在問題逼到「臨界點」來啦：「死胎之因」既不能在生理上找到答案，又有「不一定死胎」之證——證明「中臺」仍有可能「有後」，那麼「關鍵」呢？作者我，把一把「利刄」直指讀者的鼻尖，要讀者思考，找出答案。

——安排到這裏，我忽然想到一個問題——我不覺哈哈笑將起來，我是貼了招牌的「臺灣主義者」，那些夢幻主義者一看到「中臺結婚生出死胎」，而且每胎都是「死胎」，他們惱怒之外，一定會鄙斥本人「心胸狹窄」、「島國氣度」吧？在此我要提醒他們：那「福利社的老闆」夫婦也是一臺一中，他們生出的「F1」健壯得很！

好了。一切全在掌握中，現在只要動筆寫下就能功德圓滿啦。

當然，我比較「膽怯」的，還是吉玉寒心理活動的捕捉方面；畢竟伊與我「處處」差異太大了。不過有一點我是信心十足。那就是對於「古中國」的種種，由於青、中年所習所學和二十多年教授中學「國文」的體會；以一個我這種年紀而未到過中國大陸的臺灣人來說，我自信自己是「比較懂得某些中國形貌特性」的。我曾經是「神州」的謳歌者，詩詞的愛好者、習作者；我想憑這些「遺習」，應該頗能和吉玉寒小姐溝通的。另一方面，近數年來我一直在思考漢人文化問題：是批判性的思考；然而正因爲是這個角度，用以「進入」吉女心靈，或者說以此能耐爲利器，「摘出」吉女的「心肝肺腑」，毋寧說是頗爲「方便」吧？

這樣一想，我就信心大增，大有筆花朵朵，靈思洶湧之感。

可是就在落筆的瞬間，我又頹然拋筆而嘆！

我想，吉玉寒和許土金的心理狀態，甚至情緒波紋喜怒愛憎，我都大致能夠把握的；獨有形貌長相我竟一片茫茫。這也是創作之祕，有時候越是進入現實取材，你就越局限了想像的空間；既然「事實的材料」我掌握得這樣深入細密，那虛構的天地就被嚴重限制了。現在我是不能放棄事實材料的，那麼我只好向更多的事實求援才行。

我最低的要求是：要見到「當事人」一面，加上一些生活照片；最好能簡單交談一次。這樣我就可以落筆無憾了。我開始設法達成這個目標。

過程在此從略。總之，我經由住在員林的作家好友林雙不君的幫忙，請在某教育學院任教的朋友找到——影印許吉二人附有相片的「履歷表」各一份。經由徐傑夫徐校長的安排——造成很偶然的狀況下，跟那位男主角許士金教授見了面，簡單談了話。

吉玉寒已經退休——據說「發現眞相」時精神崩潰、住院治療半年多以後，曾經再回某學院任教。可是時有間歇性發作，尤其課堂上常有知覺倒錯狀況發生。於是一年後就退下來，回到臺北住在姑媽家（那時母親也過世了）。當病況嚴重時就到原先治療過的那個私人醫院診療。據說三幾年後情況大爲改善，已經很少吃藥了。

——這些情報都是精神科醫師好友陳永興相告的。原來陳醫師在臺北醫學院任精神科主任時，在門診期間就看過吉女士了。陳醫師所以印象深刻是：在臺灣姓吉的人太少，姓吉的精神病患記憶中只那樣一個。據陳的描述，吉女士長得修長苗條，特別白晰的皮膚好像漾著一抹蠟質的光澤令人難忘。最引人的還是那副神態：長長的大眼睛，明媚中有一絲冷芒閃動，鼻準圓小而挺，配著小小泛白的嘴唇，瘦削的雙頰……用敏慧冷傲四個字來形容最爲適當。

我還要求陳醫師，看看能否讓我親自目睹吉女士一眼。陳說他會設法找找看。可是一直沒有結果。我退一步想：這樣就夠了——根據陳醫師的描述，加上林君弄來的影印照片，吉大小姐的容姿神情大概可以「組織」起來了。何況如果見到的吉女士——目前蒼老衰弱，或臃腫癡肥的話，那豈非讓我更難爲伊「定形」嗎？

至於許士金教授的形貌卻是意外的「十年不變」——實際現在的樣子，跟履歷表上純樸明朗的風采很少差異。是的，當年許的神情容貌，正如我的想像：是土氣未脫而堅定自信中有一份靦覥；和經常出現在傳播媒體的「學者」比起來，這個人骨骼似乎粗了一點，皮膚粗黑了一點；那五官輪廓的稜線好像琢磨不夠，不夠圓潤滑溜。尤其那音調七八分「福佬話化」的「國語」令人一聽難忘。不難想像，當年和吉大小姐在私室情話綿綿——一位是字正腔圓的京片子，一個是「ㄙㄨˋ ㄅㄨˊ ㄙㄨˋ ㄨㄛˇ ㄞˋ ㄋㄧˊ」——那個風光情調眞是「ㄨˇ ㄑㄩˋ ㄇㄛ，ㄐㄧㄛˋ ㄒㄧ ㄇㄥ ㄙㄜ ㄓˋ」！

——夠了。眞的，我要的，全夠了。

我以六天五夜的工夫完成四萬多字的中篇小說〈死胎〉。有的小說可以時寫時輟，拖一段時日完成它也無妨；至於像〈死胎〉則必須一氣呵成，如寶刃直劈而下不可中途停滯，也像千丈瀑布一落如奔騰萬馬，不能稍事延遲。唯有這樣，那洶湧氣勢濃郁氤氳才能完全表達出來；作者追求的是那份痛快淋漓，作品呈現的是那種豐滿圓熟。

我想我已經盡了全力。以我的年紀論，這樣的寫法，這樣把「自己」絕對地「壓縮」，然後無保留地讓「自己」完全「爆炸」、「崩散」——實在是一種對自己的虐待。但是我不能自己；是什麼題材什麼結構形式，作者就必須以最完美的方式處理它。我顯然別無選擇。至於這篇作品是否達到預計的成功？我想我很滿意，至於讀者看法如何？哈！很抱歉，這是永無答案的，因爲我根本不想把它發表出來……。

也許開始寫的時候，我還是被發表的慾望驅使著的；可是寫到一半我就再三提醒自己：不要賺這篇稿費！在完成之後，我的決心就幾乎無懈可擊啦。

當然，最後的「死心」，是在作品完成後，我發現自己因爲寫作它而「生病」——那個時刻。

是的，〈死胎〉的執筆過程，我眞正受盡了煎熬。不是我能力不足，不堪素材與情節的桀驁不馴，而是在「壓縮自己」，勉强進入女主角吉玉寒心靈深處的時候，我明確感覺出自己受了內傷；那是扭曲的世界，那是生存空間嚴重凹凸屈曲下塑造的心靈；我要進入我要化身爲伊，我焉不受傷？

其次是在第三段——我和許土金合而爲一的「同心之旅」。這是熟悉的大地，親切的天空。許比我大幾歲。我不能理解「材料力學博士的許土金」，但是我與「草地郎土土的許土金君」呼吸相應一德同心。所以第三段的敍述是痛快淋漓的。

然而，就在這部分我出了「車禍」。因爲寫許就是寫我自己；那麼縱心之所欲或翱翔或潛泳，無不是許土金的眞實。眞是人生一樂事。可是問題就在這裏；不知不覺地，也可以說自自然然地，我把「近年來的我」，包括冷靜思索的我、憤怒激昂的我、仇恨附身的我、悲傷失望的我、臺灣魍神水鬼化身的我……所有不同形貌的我全部現形、躍上意識層面，藉許土金的聲欬動作「發作」出來。是的，以「發作」比喻應該是十分恰當的。那些「我」長期被壓抑、禁制著，而今突然爆炸開來，我便完全不能統攝自己、指揮自己了。那些「爆炸物」是傷害的產品，不幸的是這些「產品」爆炸開來卻又重重傷害我的心靈……

人是非常有限自由的存在。

人承受太多太多束縛而生活著。

上蒼安排男女之異、性情之愛，大概是給予荒漠生命的最大補償吧？

可憐的人啊，國家、民族、道德、文化、習慣，加上疾病、生理局限等等狗屁東西卻嚴重傷害了那生命本身僅有的甜美！

如何反抗那些「狗屁東西」？

不幸的，大概只有霹靂手段：滅絕自己一途吧？拒絕生命本身僅有的甜美，逼使人間一切滅絕！如此這般「狗屁東西」便無由「寄生」！

這是「可怕」的思考吧？我在寫許吉兩人最後一次做愛時萌生了這些可怕的東西。於是許在「中途」便頹然而退。是的。頹然不舉。這是寫作上極為奇特的體驗。那個瞬間，我確切地，完全進入許士金的心田裏；或者說是作者我李某在替代許士金在感受一切，承受一切。

當然，「到此為止」，我是「生龍活虎」的男人。男人，知道嗎？

然而，不幸，竟然悄悄纏上我了。《死胎》脫稿，我把它套進信封放在我自己著作的書櫃裏。之後我就連連做了幾場有關《死胎》的夢。我想諸葛亮南征北伐冷落妻子蓋有時日矣，既然班師回朝，少不得春風拂過玉門關一番。大丈夫當如是也。不是嗎？

惱人的是，在策馬奔馳中，那吉許兩人的形影居然頻頻出現，而在對敵決戰時刻——怪！怪！恍然我看到吉許兩人就在我們身旁，他們倆和我們做同一樣事情。不對！是我……不不！慚愧！怎麼有這種不道德邪念呢！我對吉女士豈有絲毫綺念啊！

咦？許某臨陣脫逃？喔！是中途而罷！

「狗屁東西」！

什麼狗屁東西？唔，是的，「狗屁東西」！我被「狗屁東西」糾纏著、困擾著；我有些呼吸困難，我力不從心啦！

「怎麼啦？你？……」老妻翻了一個身……

我和許土金一樣頹然作罷……

就這樣，每當甜美時刻到臨時，可憐的吉許二人就在我腦海、我眼前浮現作怪；那些「狗屁東西」也張牙舞爪，向我逼近朝我示威。

我，就這樣，不能了。

這就是「死胎與我」的故事。你說荒唐不荒唐？是的，很荒唐。唉！人間許多事都是荒唐的，現在你多聽到一樁又何妨呢！

主席・三角街

【法新社約翰尼斯堡3日電】數百名南非愛護動物人士周一在約翰尼斯堡集會，發起「拯救吾國海豹運動」。與會的茱蒂・包瑞特說，現今世界人口已經過多，而南非竟爲了臺灣人的壯陽藥而讓海豹遭殃，令她不寒而慄。

❊

一九某某年晚夏。臺北市區，近午開始交通就陷入癱瘓了；下午兩點至三點全無紓解跡象，四點之後又進入另一交通尖峯。於是：

臺北是一個沈悶的都市，悶熱的都市，鬱悶的都市；稀疏的路樹總是垂頭喪氣的，市民是欲振乏力的；煙塵散發不出去，膩膩的汗油老是黏附皮膚上。

臺北市又是一個地小人稠的空間，不小心一個噴嚏可以射中六、七個人；反手搔背板的癢，有時候會抓錯別人的胳膊手肘。所以臺北市的成年居民，彼此認眞瞧瞧，幾乎都有些耳熟能詳。又所以，山高海深仇人寃家，不幾天，或不幾年，鼻嘴正面相遇時候，「本來應該」分外眼紅的；不幸得很，腦海心頭竟然搜索不到怒火恨苗。眞是有些難堪窘迫。

臺北市容納了大中國名城大邑的全部：建國南北路、忠孝東西路的墨線一定，南京北京松江廣州、漢中寧夏蘭州庫倫——全在廁牏庭除之間。如此這般，居民的胸襟眼光擴展了放大了，擴放到地角天涯，展大到一片模糊，到一切呈現等距離的疏離狀態。

臺北人，就這樣，活得越來越相像啦。

——突然下起毛毛雨來，滿街的車子始終膠著不動。這癱瘓的路況，依據豐富的經驗推測，在午夜之前是不可能挪動分寸了。夜幕已經深垂，霓虹燈閃爍，一街水溶溶的淒美。於是……

劉主席，劉焙先生向侍衛人員示意：不必採取戒備行動，然後跨下凱蒂拉克座車，施施然由寶慶路散步往圓環方向走去。

警衛人員卻是如臨大敵，三部車十二員便服武裝警衛，或前或後緊緊相隨。難的是不能露出痕跡，只能僞裝同是自自然然的散步。這是劉主席一再堅持的，因爲劉主席認爲，政權交替合法順利，自己是全民擁戴就任的，無人會對他發動攻擊。

差不多同一時間，圓環另一端的成都路那邊，曹主席，曹超先生逛呀逛地往圓環這邊走過來。曹主席向來只搭計程車；雖然他在友人的車庫裏停放著一部「林肯」，除非要作環島的私人旅行，而且由別人駕駛——平常他不能這樣做，因爲他必須永遠和廣大的無產大衆站在一起。

另一位同樣具有主席頭銜的人物——孫泉先生四十分鐘前就從住家——福星國小附近「散步」過來。所謂散步實際上是在車陣中左溜右竄勉强前進而已。他不喜歡這種散步，平日也不愛運動，可是爲健康活命，只好咬緊牙根苦撐啦。

無巧不巧地，幾乎同一時刻，不同方向不同路段走過來的三位主席人物，竟然在圓環附近的「三角街」擦身而過。於是……

於是三位主席各自匆忙走進同在三角街的藥店藥鋪裏。三角街是圓環一帶走方郎中、中西藥店以至於密醫巫覡匯集的地方；這些店提供了各色人等各種疑難疾症的妙藥奇方。世人一生當中，幾乎都難免會罹上一兩回雜症暗病的，這些毛病，掛牌診所、領有行醫執照的反而不易治療；三角街醫藥陣容的存在價值就在這個節骨眼上，而來到三角街的既然是患者難友，那就不分王公貴戚一視同仁一律平等。這就是三角街可愛的地方，也是生意興隆的因緣所在。當然，如果你是患者，也得有這種平民精神、民主素養才成。

三位主席都具備了這種精神素養，也很榮幸、很奇異地選在這交通癱瘓、細雨紛飛的夜晚，成了三角街三家店所的顧客，或者說求助的患者……

❊

劉主席氣定神閒地站在一家不掛招牌而氣象宏偉的大樓前面。他威嚴地指示侍衞長：

「我進去看一位老朋友——程博士，醫學博士。很安全，你們不用進去。」

「報告主席：依據府特警法第三條規定……何況這圓環附近龍蛇雜處……」

「沒有關係啦。落雨的夜晚，誰知道我是誰？我是去老朋友家啊！」

「可是事先並未安排，並未清查……」

「沒有事。就這樣。」劉主席向來很在乎威儀的，這樣討論下去像話嗎？他揮揮手，然後按門鈴。

侍衛長看清開門的是一位溫婉的少婦。劉主席目送侍衛長轉身走開五步，這才跨進大門。

「嗯，那肥胖的紅臉老人，孫泉嘛！那虛脫蒼白的中年漢子不是曹超嗎？一眼就看出他們來了。哼！他們一定沒認出本席吧？」他在電梯間，腦海裏紛亂地想著。

程博士把他迎迓坐好，奉茶、問候，他卻有些心神不寧。眞是意外的煩惱，怎麼會遇上那兩個傢伙呢？還好，他們一定沒認出自己，而他們一定互相認出來了。哈哈！不過，萬一讓他們一人認出來呢？唉……眞是……

「主席，爾安哉？面色，沒好喔！」程博士盯住他問。

面對老友竟然支支吾吾，不知說什麼好，原先打算——只是心底隱祕處那樣打算的，而在清楚的意識層面上堂而皇之的是趁便見見老友的。現在情緒被那邂逅的一幕攪得有些怏怏悵悵地，因而，那件事，不知如何開口才好。

「最近有些亂。嗯，大局，全在您掌握中，所以您不是來談時局的吧？」老友就是老友，一句中的。

「當然不是。公事，好得很。」他接了該接的。

「氣色不錯嘛！」程接下醫者應接的：「那個，逗搭？」要緊處用了老友習慣的語言，說：怎麼樣？

劉主席不好以語言作答，肢體語言也不妥，於是他哈哈大笑，很空洞，有些虛弱，十分曖昧的乾笑。這樣，這應該是清楚表達了。

「您，就是太忙、太傷神，所以，唉！您又不能去找刺激……」老友說得夠明白了。

「也不是怎麼忙。」他漏了「太傷神」，趕緊補一句：「開玩笑！主席哩！去找刺激？」

「古早皇帝三宮六院，前兩任主席還不是？」老程吁一口氣：「奧桑，配合，好否？」

「伊沒問題。伊係好某……」沒說出來的是：「是阮、阮家己個代誌……」

程博士知道他的。他絕不吃什麼「直接補品」或壯強藥劑，兩年來就只給他開一些維他命劑，最多也只是強力「維他命E」而已。

可是，好像「一切」都越來越不行了。不幸的是他有一個根深柢固的觀念：那個強弱，就是生命強弱的代表；那件事的頻率，就是生命力的溫度計。

他幾乎隨時都想著如何使溫度計的血紅水銀上升。當然苦心經營之下，血紅水銀是會緩緩上升的；旗正飄飄，戰火即將點燃——我本來應該還是可以這樣的，我豈是弱者，我是大丈夫，我所向無敵，我……他，攻城掠地砲聲隆隆，經過聖海倫峽地直取莫斯科……

驀地，耳邊腦海掠過方音很重的國語——

「國土不能分割，國家必須統一；絕對不准一國兩府，或兩個中國，或一臺一中……」

——是衞星轉播的電視新聞，是中華人民共和國江某的談話。

「恁娘咧！阮在……」他搖頭擺尾幹活，想搖走什麼，擺脫什麼。

——「嘻嘻！民族不能分裂，這是最高命令……」曹超在一旁冷言冷語。曹超這個左統派向來就是隔海唱和的。

——「咱臺灣，臺灣人愛成立新的獨立個國家！」孫泉老傢伙歪嘴短舌的宣告。這些不知天高地厚的臺獨哪知他劉焙的心中之苦？

幹恁娘咧。統派獨派，又是江某談話鄧某堅持李某宣示；什麼是什麼，怎麼樣又怎麼樣；民族大義歷史傳承，人民意志國家目標——我劉某也是一個人哪，又不是三頭六臂不壞金剛，我也要……

要辦事。不好了，事不好辦，事辦不好。那溫度計的血紅水銀不聽使喚，12 11 10 9 8 7

6543……好啦好啦，這下子大家都心滿意足了吧？看我左支右絀，看我無能爲力，看我生命力就這樣「隨風而逝」（巴卡亞鹿，鬼電視就愛用這樣刺傷人民自尊的劇名，眞該以國安法議處才對！）

生命內在的憂傷，不可告人之痛，愧對某；夢裏全是羞慚的色彩音響。救苦救難使者何在？老友程博士該爲國爲黨效命了。所以，所以，程博士這回還是給他幾種藥丸子，告訴他全是維他命製劑。要他放心，要他再聊幾句，外頭有風還有雨。他，心情爽朗多了，開始夾雜以母語暢談青少年歲月的種種……

❊

曹主席看清劉主席孫主席的狼狽模樣，趕快低首疾步走開。

嗯，「乾元中藥行」就在前面。他彎腰拱臂，雙掌護髮——實際是防範讓誰認出他奇特雄偉的相貌。他不喜歡有人認出他來。世事難料，剛才他一眼就看出劉孫兩個，他們必然也相互瞄清了對方。哈哈！還是我曹某虎從龍擁眞人不致露相。小心是美德，十年來就憑這個美德，爲同志打下一片基業，爲自己弄到一個主席寶座；今晚他決定小心地在亂軍中鬧市裏爲自己解決一個惱人的難題。

——乾元行，能助他一臂之力的。這是馬同志無意中透露的：乾元行有神祕的「大回春丸」，據說是遜清大內祕方，十粒見效，百粒回春……唉！

他微一凝神，邁開大步就走進乾元行——就像一九一七年三月革命時列寧的勇猛步伐一樣。

很好，禿頭中醫師神色平靜，一定未認出眼前這號人物。情勢全在掌握之中，他按部就班，把自己難處一一講清楚。

「……唔，腎水足，元陽亢旺；這是雙火爲炎，不是一般男人疾症耶！」禿頭邊切脈邊說。

他說一切都好，就是睡不穩，惡夢連連；夢中有色而見色出精。奇怪的是，正式接戰卻是曳甲而逃，不是潰不成軍，而是美色當前瞬間就根本不軍。然而色心萬丈卻臨敵不舉，他媽的，這哪像人民無產英雄的標竿？

「你是心煩，深煩，切煩；是心憂，深憂，切憂——看你堂堂相貌，眼神深藏甚過寒潭，煩憂什麼？」

厲害，他心裏叫了起來。他支吾以應，但求仙丸相助。禿頭命他躺在木板小床上，調息止慮十分鐘，然後再切脈觀聞一番。

煩憂什麼？唉！大丈夫所懷，要向誰傾訴？民族割切之傷，國土難整之痛，多少人認眞關懷？資本帝國主義橫行肆虐，彈丸島嶼俗化異化，可恨六四天安門事故被惡意渲染，祖國領導又不能適時掌握媒體，結果被西方資帝所乘，結果——Shit!正好被無知短視的臺獨乘機利用！呸！瞧那張牙舞爪的臺獨……

可恨就在這裏。每當和愛人同志進行愛的工程時候，或到煙花巷裏偶爾資本主義式地腐化一番時刻，那些痛那些傷，那些祖國的笨領導臺灣的臭臺獨，全湧上腦海，擠在床邊，結果……這就看乾元行回春丸，偉大祖國文化的驚人功能了！

——「先生：請睜開眼睛，讓我瞧瞧。」禿頂說。

他，緩緩睜眼，謙卑地，熱切地盯著眼前的禿頂紅臉。

❊

孫主席蹲在「茂方草藥行」的石臼前，嘮叨嘀咕好一陣子了。老交情了，他的心意、需求，老闆一清二楚。

「未行咧！眞未行咧，攏無效！」他一直這樣說。

「孫大人，孫主席，嘻嘻！」老闆勉强正經八百地說：「論年齡，嗯，差不多咧啦，嘛係正常！」

「嘸對！阮係祖傳天生異稟個！」他嚴詞辯解：「實際上，半年前阮嘛舍舍叫——北京話講：『生龍活虎』，夜夜春嬌咧！哪安尼條即爾——六點半！」

「可能係，當主席，太煩心啦！看開一點加好！」

「係啦係啦！幹咧！政治個代誌，無情無義喔！阮者個主席頭殼會敗去！」

「所以，日勞夜憂，勞憂傷肝，肝腎相隨火旺水乾，哪有膏好出咧？」

「對嘛！阮變成無膏個人啦！阮愛獨立，彼講武力解放臺灣；一個三民主義統一中國——笑死三歲囝仔！一個講統一係啥最高命令。好！好啊！統嘛好——獨嘛好！去實現啊？行動啊？空空嘴講，口水浸死人！全臺灣人個精神腎水攏上升，攏聚集喉嚨嘴角——攏變成無膏個人！」孫主席越說越激昂，說到最後褲襠裡都有些濕濕發脹了。

「孫主席安尼火大燒山，極傷身咧！當然傷腎，所以……」

「所以，無論如何，合阮幾包藥頭仔，清心去火，補托補托，挽一些點滴個青春！」他近乎祈求地。

「主席，記得爾老先生老年發過『癡呆症』，者嘛係過勞傷心個結果。爾愛放寬些爾！」

「癡呆嘛無要緊，阮就驚無膏；無法度『做愛』，人生哪有趣味咧！」

老闆深表同感。細心地給他準備三包草藥，他滿懷希望地握手道別。

夜深了。車隊還未能移動，微雨停了，涼風習習，有些怡人。

在三角街的轉彎處，先後走出藥店藥舖的三位主席，無巧不巧地，夜市裏，正面遇上了。

罪人

是。我叫方育倫。五十歲。不錯，去年七月退休。好得很。我知道。笑話！憑什麼？我告訴你，警官先生：本人拒絕回答。你把我送地檢處好了。不過我要申請國家賠償，我還要告你非法拘捕！

好。好。當然。我知道身爲人子的感受，可是我不能忍受這個年輕人胡扯誣賴，我不。我要向法院提出——那小子叫林什麼？好，林耀明，瞎了眼的東西。

不是我火氣大，這種指控太豈有此理，太可笑。什麼？嫌犯？警察先生：本人正式要求：請收回嫌犯兩個字！並要求你道歉！你在學校學過各種程序法的運用吧？憑什麼在我方育倫頭上蓋上「嫌犯」二字？唔。那還差不多。

我知道。知道。也知道。不錯，站在人道立場上說，林，林什麼？喔。林庚桐的死，誰都會寄予一份哀矜同情，不過，嘿嘿！你們知道什麼叫做「天地萬物爲一體」嗎？答對一半。還是讓我再註解給各位聽聽。這句話的意思，應該是：萬物各有它生存的權利，各有它生存或存在的尊嚴，任何族類都沒有權利毀滅其他族類；相反地，應予適當尊重。這是從主觀上說的。客觀上說，萬物是相輔相成的，是相濡以沫的；唯有如此共存共榮，天地人間才能和諧、美滿、幸福……

我不是說教。我是爲下句話先作註解而已。我怕你們「有聽沒有懂」，尤其怕你們可笑地血壓猛漲哪！好，長話短說。

我的意思是：誰違背了「天地萬物爲一體」的大原則——無論是人、獸，或任何團體任何有權機關，他，它，就犯了大罪。犯了大罪，就得接受大罰；生命界的大罰之一就是死。知道了嗎？

在我的良心天平上，一隻田間溪畔的青蛙——安安分分活著的羽毛甲鱗，比滿身罪惡的一個人，牠更有權利活在世界上……。

嗯，對。我就是這個意思。哦！要說明白些？好！那麼我說——以一個活了五十年，對天地人間萬物滿懷感激感恩心情的半老人身分說（請注意：可不是什麼「嫌犯」身分。要說嫌犯，你們各位才更具備「嫌犯」成分呢！），說：林庚桐那個老頭該死。是他自己殺死了自己。

暫別冒火，林耀明，你該冷靜深思我這句話才是。不是。我沒有說林庚桐自殺。我沒興趣猜測。我不知道。我只說：是他自己殺死自己。也可以說。是「自然」殺死了林庚桐。

不懂？那沒辦法。幾年之後，幾十年之後也許會懂吧？也許不。你們也許沒機會懂呢。我沒有這個意思。我再重複聲明一次：林庚桐的死，我方育倫沒有任何牽涉。關於落水，漏電，滑倒或被人推倒，我都沒意見，不想知道。好吧。我說：「不知道。」可以了吧？哈哈！我還可以順著你們的意思……喔，好，是回答你訊問：我不在場。呵呵！這樣回答，合乎要求了吧？我是不在「現場」！

不。不。我不解釋。我說「林庚桐自己殺死自己」、「自然殺死了林庚桐」，如此而已。我是不解釋。那，你們去猜，去查證好了。要刑求取供嗎？嘿嘿！我不是一個容易屈服或沒有原則的人。沒有關係。反正我空閒的很。我兒女都長大成人，政府給付的月退休金很夠生活，我很有興趣耗下去。那我知道。除非能確定我有罪，不然我的月退休金少不了的——而且是特定的罪名和刑期才影響本人月退休金呢！我對於司法部門還存些信心，怕什麼？

不錯，是有些理由。我願意這個誣賴變成官司打下去，當然有目的。不是。你猜不到。我告訴你們吧：我希望這場荒唐可笑的官司打得很熱鬧，引起輿論界的注意，天天上報，全省老少都在注意。什麼？呸！一個退休半老人還要打「知名度」？以小人之腹度君子！告訴你？我是要看熱鬧的人笑夠之後，能夠反省反省。嗯，這樣，我這無端惹上一身臭的人，還有林庚桐那個罪人，也算對於社會大眾有一丁點奉獻。是呀！我是說林庚桐是一個罪人，而且是大罪人呢！知道嗎？發瘋？不是我瘋言瘋語，是你們……唉！

可以。沒問題。給我一杯好茶。我要舒適的座位才行，好。就這樣。不過，我這不是供「口供」！這點要聲明。我願意把整個過程——如果有所謂可笑的過程的話——詳細說給你們聽聽。只是不精采，一點都不精采；聽不聽得下去，就看各位的耐心啦。

警官先生：你要看住這個小子！我的安全，你們要負責。我很正經。不是隨便侮辱死人。受不了？那是他的事。

＊

早上六點整。我和老伴推開大門，往郊區走去。

初夏的早上，涼涼爽爽的空氣迎面撲來，頓覺整個肺葉的活門都舒張開來；不知道是肺葉活門先張開來迎接新鮮空氣，還是新鮮空氣敲開了肺葉活門？

這是退休後，每天的第一樁活動，也算是「必修科」。許多人認爲早跑應自清晨五時開始，可是我不能夠。我是六點開始。因爲我氣管不好，太早的寒氣冷濕對於氣管將是有害的。

兒女們，成家未成家的都在外頭就職，他們都希望兩老搬進城市和他們同住。我們老夫婦從未考慮答應。

理由很簡單，這個小鎮空氣乾淨，環境清潔；這裏沒有製紙、染織、塑膠、製藥等工廠，這裏是一塊難得的未被汚染地區。而且這是我生活近三十年的地方，整個的「我」，已然和這塊大地密密連接一起……

我每天早晚散步的路線是一定的：由位在小鎮北端的住家出發，走過一片翠綠稻田，來到小鎮東邊的堤壩口，由和堤壩平行的馬路——環鎮農道起，或跑步或步行，環繞全鎮一周。

這是一天中最美好的時光。我們邊跑邊欣賞景色：右近邊是稻田或綠竹園，遠處是整齊漂亮的房舍；左近處是蘆葦叢叢的河道，遠處是美麗的山巒。尤其跑完一半路程，來到鎮南端龜山橋，在初夏，正是朝陽露臉時刻；先是山巒的頂巔忽然披上燦爛的金黃，然後縷縷蓬鬆溫和的旭光投在臉面脖子上。啊哈！我那逐漸麻木，眼看老去的生命意識，在這時候會驀然清醒著，脫然翔飛起來。

這天，因爲老件有些不適，只我一個準時進行晨課。我走過每天走過的一片稻田，卻在大水溝邊站住了：眼前出現好大一堆骯髒的塑膠袋。

我十二分討厭塑膠製品，尤其那五花八門，彩色繽紛的塑膠袋。我嚴格要求老伴，不許用它包裝食物、衣物這些，尤其塑膠焚燒的臭味，我嗅到一點就頭暈，而且三分鐘之內必然會嘔吐一番。

我知道那些薄薄透明的妖物，一經製造成品，留在人間，比我的壽命要長久。這樣一想，我就有不能忍受的感覺。我經常作夢，夢見這個地球的空間，突然被塑膠袋完全占領了……

就因為這個念頭，我有一個不足為人道的小祕密：每天下午五點至六點的散步，實際上我是攜一個大米袋——可憐，它也是塑膠繩編織而成的——我是沿途拾撿那些破損拋棄的塑膠製品，然後埋進河邊自己挖好的深坑裏。

我知道這些妖異的塑膠深埋地洞還是不能分解，但它不會被本鎮最近的塑膠再製工廠——「大德塑膠廠」拿去再製發出毒煙害人。我還知道原服務機關范姓同事舅舅，定期從日本進口——人家已經埋掉的廢塑膠製品，再挖出來送給他，另貼運費運到臺灣來害人！唉！

——我面對堆積如穀堆的塑膠袋，心裏十分不快，連晨跑的興致都消失啦。正在這個時候，我瞥見左邊大圳裏有一個男人在電魚——這是小鎮南端引進灌溉水田的溪水，它和全鎮平行直達小鎮北端再注入河道。這條大圳寬約三公尺，街市人就稱它作「河流」啦。

這條大圳，是有些魚蝦河蜆泥鰍的；巨大石卵堆成的圳壁縫隙中，還有小鰻魚和黃鱔。記得前些年，我就看見有人以附餌的釣鉤繫在三尺來長的小竹片上，依次伸進隙縫中「釣鰻魚」，結果竟然頗有收穫。

我個人不釣魚，但不能反對釣魚，至於以電流來殛殺魚蝦——把牠們子孫生機完全消滅盡淨的惡毒行爲，我是堅決反對的。人類爲了求生存，許多殺戮行爲，在不得不爾下進行是無可奈何的，但人類不可以肆意去消滅人家的種類！

我走過去看清楚了：是一個近六十歲的强壯漢子，背一個特大號乾電池，聚精會神地在「消滅魚蝦」！

「老哥啊！你在電魚！」我發話。

「嗯，少得可憐，只有些小白哥和大肚仔。」他只顧繼續作孽。

「眼看要絕種囉！」我的嗓門陡然高昂：「不要電了！」

「……不要電？」他抬起頭來了。眼神有不解的意思。

「這樣，魚子蝦孫全絕了。電魚是犯法的。」

「嘻嘻！」他竟然笑？

「我看你老哥，」我認眞打量他：「決不是要靠電魚討生活的，你就別再電魚了。」

「誰靠這個生活？哼！」他竟惱火起來：「我是運動！早上雙腳泡水，這樣，嘿嘿！最能補氣養生，你知道什麼？」

「你可以釣魚──急流灘釣，揮動『雞毛釣』釣白哥，不是更好嗎？」

「我喜歡電魚──吱吱一聲，全部翻身露肚，攏總難逃，這才夠味！」

「你這把年紀，怎麼把趕盡殺絕當樂趣？」我忍不住以怒斥的語氣相向。

「你？你放屁！我電魚，要你管？老幾你？」

於是我們狠狠吵了一架。

記得小時候，我也喜歡釣魚。釣石斑魚是我拿手本事。那時候家裏窮困，上學午餐飯包的菜成了大問題。我經常在下午放學回家時，先到河邊釣幾尾石斑魚才回去；第二天我的飯包就夠體面的了。

我斷絕釣魚是在婚後不久。那時患了十二指腸潰瘍。老丈人說，以「雞毛釣」作急流灘釣，不斷揮動釣竿，又涉水走動是最好的運動治療。我遵囑每天傍晚去急灘揮竿。那天，經過約半小時，我已經釣了二十幾尾左右的白哥魚。那時晚霞滿天，西邊流動的紅光映在河流，眞是美極了。

「多麼美好的世界，」腦際倏忽響起這樣一句話。

我繼續揮動釣竿。就在這時一條快三指寬的大白哥，給釣上來了；被釣絲帶上半空中的白哥染成虹彩的色調，牠劇烈的掙扎由釣竿傳過來的震動感，眞使人愉快……

那是求生本能的掙扎……

那是死亡前絕望的掙扎……

「啊！」心頭「錚」一聲，好像一根釣絲斷了。不，是心弦斷了。也不是。是靈臺明麗亮光一閃。我張口叫了一聲。

我是誰？我算什麼？我拿一個生命體死亡前絕望的掙扎的震動當作娛樂的手段——我卑鄙我齷齪！我……

我全身燥熱。我想哭。我把網袋裏死的活的白哥倒進河裏，網袋丟棄河裏；解脫上鈎的那條大白哥，還他應有的生存權利；我還把釣竿折成三段，連同釣絲拋進河中。

我不再釣魚。我不能反對「爲生活而釣魚」，但我到處勸告爲娛樂、爲運動的釣者放棄這種肆虐……

——面對著這個了無愧色的電魚傢伙，我眞想揮他幾個耳光。但是我沒這種魄力與勇氣；實際上瘦瘦弱弱的我，決非他的對手，挨他一頓痛揍不要緊，對於阻止他電魚卻是全無助益。

「你眞不聽勸，我就是報警！」我說。

「報警？哈哈！報警呀！哇哈哈！」他笑得前仰後俯。背在腰間那個巨大的乾電池跟著搖晃滑動。

「笑——你自己被電倒在水圳裏才好笑。」我說。我說這句話，好像是未經腦海意識校勘過的。

「去！去呀！去報警！你去！嘿！」

我是忍無可忍啦。我眞的跑去報警。一位年輕的警察先生立刻騎上機車趕赴現場。我坐在後座，在指出確實位置後就下車。我有些不安。我不想看到警察取締的場面。

到底警察分局如何處置這個「現行犯」，我不清楚；隔了四天的早上，我又在那道大圳靠近南端地方見到了他：他又在聚精會神從事滅絕魚蝦的勾當。

「好傢伙！」我第一個意念就是再去報案。

我轉身就走。可是來不及，這個傢伙叫嚷起來啦。

「喂，站住！」他抬頭挺身，顯得神氣十足地：「怎麼？又要去報案？」

「不錯！如果你眞的執迷不悟！」我坦然承認。

「屌你媽！」他由大圳爬出來，脫下背著的乾電池，向我逼過來：「好膽你就試試！看我揉碎你！」

「怎麼？要打架？」我不覺後退兩步。

「打架？吔！我是要打；你還敢打架？」竟然說著就欺近身來。

「我才不跟你打架，何必？」我邊說邊退：「不過還是要你——請你，求你別再電魚，不然……」。

「不然你還是要報警？」

「是的。請原諒。」

我起初的氣，眞消了，我是很害怕，我是絕打不過他，而且打不得；我一開始就決定「逃爲上策」，但我不屈服。他看我膽小如鼠，這就神氣十足地，再跳進大圳裏繼續電魚。

我毫不猶豫，轉身以「晨跑」趕到分局報案。

警察先生和我是一回生二回熟，搖搖頭苦笑著不說什麼，佩帶停當就跟我趕往現場」——還是以機車載我去的。

不幸的很，那個傢伙跑了。警察先生載著我沿著大圳繞了一個大圈子「巡邏」一番，還是不見影子。

「對不起。」我跳下車，向他告罪。

「下次——下次報案要有把握。」他說。

我點頭。我的老臉燙得著了火似的。警察先生走後，我還是沿著大圳往回走；走不到五十公尺，唉唉！前面大圳邊牧草掩映中的背影，不正是「兇徒」嗎？我爲之氣結！

「喂！鬼東西：我在這裏哪！哈哈！」

看樣子，剛才他是躲起來；我們的舉動全在他眼裏，警察一走，他就露面了。

「怎麼樣？去！再去報警吧？呵呵！」

「……」我眞想咬他一口，我還希望他突然滑倒，被自己背上的巨型乾電池電死……

「不報案啦？嘻嘻！」他笑臉一收，揮動手上導電竿說：「過來！你給我過來！」

「過去？過去做什麼？」我眞的走過去，當然心存一份畏懼。

「來呀！再過來一點！」

「怎麼樣？我果然走近一點。我估計過了：他如果不脫背上的乾電池他是追不上我的；在卸脫的時間裏，我已經溜走很遠啦。

「我——」他突然把右手上的導電竿向我一刺。

「啊！」還好，還有一尺左右距離。

「我要電死你！」他吼叫如一隻受傷的猥狗。

「你……嘿嘿！你小心把自己給電死了！」

我走開一點，然後蹲下來數落他，逗他；他一邊電魚一邊和我一句沒一句地對罵著。當他被我刺激得再也按捺不住時，會呼一聲跨上圳邊，卸下那套「兇器」，向我撲來。可是我再次飛逃好遠。他想是追不上了，只好一手叉腰，一手指指點點，衝我咬牙切齒滿嘴髒話地叫罵開來。

「哈哈！瘋狗！瘋狗！快死的瘋狗！」我拊掌稱快。

眞的，我眞切的，我眞希望他死在我眼前；或中風，或被毒蛇咬死；當然最好是被自己背上電池電死……

「我不會去救他的。」我在幻想中告訴自己：「可是我不會，我也不敢伸手殺他……」

我和他，就這樣糾纏不已，以後見到他在電魚，我還是繼續去報案；我曾親眼見到他被逮住，押往警察分局。那時我卻躲在草叢裏。是的，我不敢和這粗壯又兇惡的傢伙眞的赤手對上；我要「智取」……

以後？以後我們成了仇人。我們誰都未屈服。我是說，他雖然被警察逮住，好像也受了罰，但他照電不誤；我當然繼續去報案。

我的晨跑「變質」了，成了晨間偵探；他也是一種不屈服的心理作祟吧？就是我行我素，看你能怎麼樣？

想起來，我們好像都成了鬥意氣的小孩子了，然而我是嚴肅的，我知道，彼此內心深處，對對方的仇視是越來越深刻不能解除了。

終於，那一天，那不希望眞的出現，卻又日夜最盼望的一幕，居然出現了……

❊

是在我們明爭暗鬥三個月後，又一次我報警，他躲藏，警察走後，他又照舊繼續電魚——的早上。

這一回是我躲在一邊不露面，我打算再去報案。分局的那些傢伙已經煩透了，但他們不能拒絕我報案的。這次我決定雇請計程車去載警察先生；雖然讓他們白跑一趟，看在我這種

「公事私辦」的精神，當不敢不來吧？

「一定要讓他不再電魚！」我心裏這一股信念與決心絕不鬆弛，也不動搖。

我趁他舉步前進，找尋新目標的瞬間，從掩蔽的草叢弓著身子溜出來……

「喔呵！又要去報案啦！」突然，他向這邊發話。

完了，我心裏嘆一聲。他確確實實是一隻機智又狡猾的老狐狸，我是鬥不過他啊！我有些頹喪，但惱怒之火也同時上騰，我不含糊地哈哈長笑，然後「現身」走過去。

「……」他停止「行兇」，凝然盯著我。

「……」我也不示弱，逼近過去。

我突然從惱怒中脫退出來。我只感到十分的悲哀。這個人爲什麼非如此下去不可呢？這把年紀了，他不靠電魚補貼家用，他也不愛吃魚，電獲的魚蝦，不是送人，就是和著飼料餵鴨子（他自己說的），爲什麼他不會感到這種無謂的滅絕魚蝦，是一種罪惡呢？

「這不只是他一個人，社會上好多人都是這樣。」我想著，不覺長長嘆了口氣。

「嘆氣？吃飽怕米不變屎的傢伙！」他說。

「我是。」我努力抑制自己，我想跟他來軟的：「你聽我說……」

「我不聽！要打架，來；要報警，你去！」這個人的火氣和往常一樣，令人不能忍受。

「我們不要吵。」我吞一口氣：「請聽我說……」

「閉嘴！」他截斷我的話。

「老哥：你爲什麼非把這些魚蝦殺絕不可？」他又要說話，我揮手阻止他，然後繼續說：「你不覺得魚蝦也有生命，也有子孫；你又不吃牠，你爲什麼要殺盡牠當作遊戲？」

「我高興。我有權利。」

「不。你沒有權利。」我盡量把態度放得虔誠，語氣和平：「任何有生命的東西，我們都要尊重牠們。」我這樣說，不知他聽得懂不？

「尊重？呵呵！又不是縣長、省長，或什麼省議員，要我尊重白哥魚、蝦公？」他兀自笑起來。

「我是說：尊重生命。知道嗎？生命，不論是什麼生命，都很，很……」我找不到淺易的詞語來表達：「很尊貴的，都有權利好好活下去——只要不爲害人類。」

「哈！那對毒蛇也要尊重？蚊子呢？老虎呢？」

「如果不爲害人類，就該尊重。例如在深山人跡少到的地方，毒蛇、老虎、蚊子；那裏，是牠們的生存空間；牠們不會來傷害人，我們也不該去傷害牠們！」

「瘋子！老瘋子！你去出家當和尚吧！」他繼續諷刺。

「這是每個人應有的想法──這就是仁，知道嗎？仁心，就是人心；有仁心才有人心，才算是人。」我認眞解釋。

「呸！你罵我不是人？」他倒是腦筋滿夠用的。

「不是指你，而是，任何一個人，只要……」

「好了，好了！閉上你的狗嘴！」他阻止我再說下去，同時調整姿勢，準備繼續「行兇」，他說：「總之，你說的都是瘋話，狗屁！」

「不！」我大聲說。

「告訴你：我是人，民主社會上納稅完糧的公民，我愛怎麼殺生就怎麼殺──我又不殺人，誰管得著？」

「電魚，就是犯法！」我只好退而求其次。

「狗屁法！我不守那一套。」他不再看我：「我只尊重爲百姓做事的縣長、省長、省議員他們；其他，屁！屁！都是屁！」

「你，你眞是……」我氣得渾身哆嗦。

「我不管什麼生命不生命！不要殺生？哼！殺生的人會死，不殺生，也會死！行善？屁！我就是喜歡殺生怎麼樣？」

「你這禽獸不如的東西！」我眞想撿起身邊大石頭砸過去！

「你罵我？你這不知死活的——」他又要跨出大圳向我動手了。

「不知死活的是你！來！你以爲我怕你！」我也氣昏了頭，居然不再畏縮，衝了過去。

他，一脚往圳畔跨出；不行，乾電池太重了，他想卸下背上的乾電池。

這時那左右兩枝電線導竿已收回在腳邊豎起。不知道爲什麼那紅白兩條電線，同時突然從導竿滑下，落在腳邊。他的雙腳還浸在水裏……

「啊！」他短促而沙啞地叫了一聲。

他背上的巨形乾電池才脫下右邊的背帶；他的身子隨著那叫聲，在乾電池的牽引下，往左邊一歪一斜，然後僵直地跌落大圳中……

「啊呀……」他又沉沉喊一聲。

我站在離他五公尺不到的水圳邊。先是一愣，然後腦海轟一聲。我的心頭有些微混亂，但中心部位倒是清清楚楚的。

我想我知道眼前發生什麼事。

倒在圳中的那個傢伙，只有手臂、腦袋和膝蓋部位露出水面。他的臉朝向我這邊。我的視力不好，但我好像看清楚他的眼神：那是驚駭絕望加上乞求援救的眼神吧。

我不知道怎麼辦？

不。我是知道該做什麼，但，我不知道怎麼做才好，才對，才是眞正自己的心意。

✻

所以，我，一直站著沒有動。後來，他不再掙扎，不動了；膝蓋還是像小山巔露出水面，腦袋和手臂是掉進水裏了。

我再站十幾秒鐘吧。然後離開。喔！我的雙腳好瘦好重。

我好像很悲哀，卻又好像很高興。我實無法清楚說出心境的眞相。

那天沒下雨，我未曾跳進大圳裏，可是我滿臉都是水珠；我沒流汗，大概是淚汁吧？

喔！不要以爲是爲他而流淚。不是。也不是後悔什麼。沒有。罪惡感？沒有，沒有！什麼都沒有。

我只是覺得好疲倦，我急於回家去，躺在床上休息一下，然後起來做我今天該做的事。告訴太太？沒有。我老件是極端神經質的女人，我不要她知道這無聊的一幕。

以上，就是眞相。你說，我是罪人嗎？誰有罪？你說！

立委自決

中華的民國七十又六年十一月六日，上午臺北陰天。

凌晨。嗯，凌晨八點二刻副祕書長的催魂電話就頻頻鬧啦。說什麼：大法案大表決大動員，尺老您，非到場鎭壓不可……

本來嘛，連幾天尿水失禁如天山積雪雪水滴滴答答，實在不想去敲桌板猛舉手的，可是想到鎭壓——那羣魔亂舞小臺獨瘋狂叫囂的情景——尺老他不由地卵泡猛縮，悶屁如雷，於是提足丹田之氣，翻身下床，準備慷慨赴義。

而這時，院方特別爲他預備的專車，已經在門口等候多時。這是應該的，我巫尺夫委員不是一般委員。他想。他曾經憑一人之力獨鬥「民進黨」三個流氓。他在「行政院」蒞院一片混亂之際，陡地一聲斷喝「俞院長萬歲！」響徹雲霄而堂堂震懾立院羣賢與羣醜。至於當年在大陸時代，明裏反制政敵，暗中放血叛徒，可謂功在黨國，勳績彪炳也。

「今天，唉！我巫尺夫在今天，唉！」這是他每天每時刻反覆冒起的喟嘆！不是嗎？天威式微，亂象環生，能說什麼呢？唯盡心而已。嗯，人生，立委，唯盡心而已。他，一再寬慰自己。

——他，下車，由專任護士小蕾攙扶著進入立院。就在門口前，他「感覺」到一排排人羣如牆如堵，向他洶湧逼近。他知道人家並未眞的以行動逼近，而是一股人氣，一團殺氣。至於說「感覺」而不說「看到」，那是因爲近年來耳目見聞的能力，已然很難單獨操作運用啦！對於外界的聲色形物，他只能以「綜合感覺」的方式去「接觸」，去認知。

小蕾是好女孩，完全的善解人意；說是聘用的專任護士，實際的名分是他的女孩。說明白點，實際上是尺老他的續弦老婆春花生的。春花另外「好像」還生了兩個男孩子。當然不是春花的拖油瓶；春花嫁過來三年多才生男育女。有一點遺憾，都不是他的骨肉。這一點他自己當然十分清楚。春花這個臺灣小女人也眞是……唉！也罷！想起共產黨叛亂竊國都忍下了，男女之私，算得什麼？何況自己實在也十分十二分虧待人家——當年三十不到的成熟婦人呢！能怪嗎？所以……

所以坐下來之後，心頭有點慌，腦海有點亂。

「感覺裏」，那些小流氓小臺獨又擠到倪院長前面，搶麥克風，大聲喊叫著。

「操！我操！奶奶的！臺獨！臺獨！」胸口倏地湧上一團火，他脫口漫無對象地咒罵一陣。

「很亂啊！」有人在身邊說話。

「你們太縱容他們啦！太沒敵我觀念啦！」他說。

「讓他鬧！鬧吧！哈哈！最後表決通過又奈我何？嘿嘿！」

「對！表決！表決！趕快表決——我，我要去榮總看泌尿科去啦！快！快！快呀！」今天的情緒有些不易掌握，說著說著眞就惱怒十分，想揍人啦。可是好累，不知怎的，好像就要睡著了。

小蕾好像在耳邊說了些什麼。恍恍惚惚的。嗯，小蕾是我的女兒，哈哈！七十三歲老頭，有個二十不到的女兒？見鬼！可是我……我要一個女兒，而小蕾不是眞……是想睡了。他的意識越來越模糊了。

——「老賊！老賊！不要臉的老不死……」

「咦？誰又在罵人？」他霍地清醒了一下。可是他實在支撐不住啦，身子往下一挪，頭一歪便張嘴伸頸窩在輪椅上睡著了。

這時立法院上，對罵的，叫嚷的，追逐的，摔角的，大笑大哭的全上演了。巫尺夫立委他卻陷入碎裂扭曲的夢魘中。夢中有匆匆的幸福得意歲月，有鮮血淋漓的殺戮戰場，有故鄉「蛭腔省」的醉人風光。啊！美麗可愛的蛭腔啊！四十年歲月居然景物田園依舊，小橋流水仍在——可是，可是人呢？鄉親呢？我的選民呢？我是你們的立委呀！你們給了我八百三十八票，雖然當時落選了，但是政府的德政，總之，我現在是你們的立委啦！喂！你們，選民你躲在哪裏？他，由驚而惶，而不知所措，而掙扎著想逃走逃出去……

「老賊！不要臉的老賊！」啊！暴烈的嗓音就在耳邊爆炸。

「——不要嘛！不要這樣嘛！」是小蕾的尖嫩聲音。

他醒了過來。他想說什麼，想有所動作，可是手足僵硬，連胸口都是痲痲的。

「現在什麼時候？」他問小蕾。

「過午了。您睡得好沉。唉！」

「那回去——咦？鬧喳喳的，他們還不回去——院長請客啊？」

「不是啦！是出不去！外頭，人家包圍立法院，三個出口全堵死囉！」

「這像什麼話！」他可完全清醒了。「走！我們回去！」

小蕾雖然嘴裏嘀咕，行動還是聽他的；十分鐘之後他的輪椅已經到達立法院大門出口。大門口一片人海；已經有幾輛輪椅陷在其中；最尖銳的是警察的哨音，那尖銳高挺的警哨底層是渾厚的，一磚磚一塊塊節奏顯明的吼叫聲：「老賊！老賊！不要臉！不要臉！不要臉的老賊！」

巫尺夫老立委這一回，聽得清清楚楚。

「啊？爲什麼這麼整齊？」他，這樣問。

「什麼這麼整齊？」小蕾的嗓音好像有些顫抖。

「他們的口號啊！這些流氓叛徒，口號好整齊！」

「——請回會議室。出不去啦！危險啊！」

好像是警察在吆喝。這像什麼話？成什麼體統嘛！他在內心裏大聲叱責：軟弱！我操！這些執法單位什麼玩意嘛！待明日可要好好質詢警政單位；對！就請署長來回話……

他內心的活動小蕾當然茫茫不覺。小蕾把輪椅推向左側門。門外依然是人牆矗立，根本寸步難移。他有些氣惱小蕾——伊應該知道的，他向來只出入大門。他討厭「左門」；在左門，當然走不動的，這和信仰有關；這是眞理哪！

於是他命小蕾再闖正門，正門裏外流氓叛亂分子更多了。他的怯意加濃。他命小蕾推向右側門試試。十三分鐘之後，他已經被推出右側門；門外示威抗議的人數顯然較少。他呼了口氣，下令趕緊連絡專車。

這是錯誤失算——未把專車調過來；當他與輪椅這個目標暴露五分鐘之後，暴烈的示威者已經把他團團密密地包圍起來。

——「不要臉的老不死！看你往那裏逃！」

——「去死！去死吧！去死！去死吧！老不要臉的！」

「退不回去了，怎麼辦？」小蕾好像哭了起來。

眞是退不回去了，已經成了萬民詛咒的目標，教他如何回頭？這時十人一組的鎭暴部隊出現了；他們以身軀以盾牌爲他砌成窄窄的通道，讓輪椅艱難地移動，離開。可是，那似乎變成有形有質的「老賊」、「老不死」——叱罵聲卻是鎭不了其暴的：「它」向他投擲，發射，傾倒，灌注……

另外又出現了新事物：那是黏黏的、濕濕的、熱熱的、濃濃的、膩膩的、灰白的、起泡的——百千發口水，向他攻擊，潑灑……

「哇！口水！口水哇！他們向我吐口水！」巫尺夫老立委終於勃然大怒，怒得尿水直流，怒得金星亂冒。之後，他怒得失去知覺……

以後的一段時空變化，他已然無法追尋。

他睜開雙眼一段時間之後，他清醒過來。這時耳邊響起的是小蕾帶哭的訴說：「爲什麼？爲什麼？爲什麼？爲什麼呀？」不過他知道小蕾不會在身邊，春花當然也不在，這座寬敞的「中央新村」官邸裏，他知道除了自己，只還有管家老趙在那間儲物室裏喝老酒。

夜深了吧？他突然覺得這個住了三十來年的官邸竟是如此地陌生。他還發現自己的雙腳不知怎地不聽指揮了。他是穿着睡衣褲的。他往浴室走去。

「幹什麼呀！」他三天洗一次澡，今晚不是入浴時間哪。

不行，我要洗乾淨那一身上下臭臭黏黏膩膩的口水。他告訴自己。其實他想到辦公桌那邊起草臨時緊急質詢稿——明天在立院討回口水之辱的公道。

可是雙腳卻把他帶到浴室。他泡在浴缸裏。這不是他意願內的行動；那些吆喝、辱罵、口水，還在腦海奔騰洶湧，他以全部心力意志抵抗這些。

可是他累了。他的行動完全不聽指揮，他的手做了最最奇怪的動作：那左手把浴室的外門關上，那右手又把瓦斯爐的火苗熄掉——關掉瓦斯，奇怪的是那左手把通往瓦斯的塑膠管拉開；那右手再把瓦斯筒開關緩緩扭開……然後把浴室內門打開，然後他躺在半滿的浴缸裏。這此動作都不是自己想做的，但是手腳不聽使喚地做了。

「口水！啊口水！必得把口水弄掉才成哪！那口水……」混雜的心頭上，這是唯一完整的一句話。

瓦斯的味道好像越來越濃了。嗯，明天，會是怎樣好日子呢？模糊的意識裏有這樣一句疑問。

不過，那痲木多年的心靈，似乎倏而清醒過來了。有一種難以言詮的大喜悅，大解脫如清風明月般，亮鮮地浮顯心頭，那僵枯的臉頰現出隱隱的笑意。

老立委巫尺夫，終於在漆黑的午夜，以意志之外的力量，完美圓滿地自決了。佛祖保佑他。阿門。

阿壬嫂這個人

阿壬嫂，右手拿著割香茅的鐮刀，左肩掮一隻挑香茅的桂竹槓子，慢慢爬上山坡來。坡上，山風很大；她三個月沒燙的頭髮，被飄蕩著，像香茅草在夜裏猛烈燃燒的紅黑火苗火舌。

山路，像長繩子，被小孩子搖圈圈仔玩，左彎右拐，上坡下坎；瘦瘦細細的。由山腳下蜿蜒伸展到對面那塊香茅地的腰眼裏；又從第三重山那綠塊塊底下出現，再隱沒於與藍天接合的細縫。長繩子上，晃著幾個人形。十月天，金風蕭蕭，是割香茅的好時候。

阿壬嫂剛爬完山坡；前面一個碩壯的形子就要轉個死彎，見不到了。

「阿壬！等一下嘛！」她使足力氣喊。

不完整的迴音，響自四面，阿壬哥頭也不回地先走了。丟下阿壬嫂挑不動的一擔幽怨。

「沒良心！你知道我月水來了？還讓我上山！」

她心裏說。她要自己鼓起怒憤，可是沒有；陡地，她感到無比的虛弱、委屈。

「喂——阿壬嫂。發什麼呆？」上山作工的羣英趕了上來。

「喲！嚇我一跳！」她嗔了一句。

「昨晚找妳，妳這樣早就睡。嘻！眞恩愛哪！」

「早睡？吵架——三天一小吵，五天一大吵！」她，微黑的雙頰，掠過一抹痙攣。

「一直都這樣？」

「妳又不是不知道！唉！好姐妹，這種生活，有時想來眞不甘心；有時又想算咧！」

默默地，她們走得很快。風裏，新割香茅的香味，斷續送來。

「月桃姐，」羣英遲疑一陣。說：「不是我講妳，妳第一次婚姻失敗，再來，就得更小心啦！現在的人，結婚前總要戀愛一年半載。妳同阿壬哥……」

「唉！我哪會不想壞了畚箕織米籮；找個好老公。不過我的性子妳也知道，就是不願輸人！不願人講我沒人要。所以——嘿！我和張天財還不是戀愛了二年零，如今怎麼樣！」她說得很激動，雖是秋風野大，髮際鬢角，還隱見汗濕。

「到底妳倆，爲了什麼不好？阿壬哥，他，看來也是個好人嘛！」

「命。命吧！」她喃喃說：「我，一向總想出人頭地，總不服人，但是有什麼用？小時候，相命師斷定我一定嫁兩個老公，我不信；我決心同命運拚一齣；我的內心裏，時時煎熬衝突，時時像快發狂似地，也像逃脫什麼魔鬼似地；闖向我的夢，我的理想。現在，我不還是乖乖走上兩嫁夫人的路嘍！」受過高中教育的她，居然落得深山做苦工，眞不甘心！

「妳，妳相信命運？」羣英惶然問。

「不信。還不信！但它——命運——像一個黑影時時糾纏我嘍！命運在哪裏？我對自己都不滿起來，唉！這就是人生？妳別笑我，人生，我看是哭笑不得的東西咧！」她用鐮刀揮砍伸出路邊的香茅葉片。

「我聽不懂！」

「我也講不清。總說，我這個人，一直勇敢去追求幸福，但也時時後悔自己的做法……」她苦於表達地。

一塊剛刈過的香茅園，展現在眼前；一束束香茅草，參靑帶褐；可以入蒸籠蒸油了。香茅叢頭，已抽出寸半的新葉，纖挺嫩綠，十分可愛。

挑香茅的男男女女，輕快地工作著；還時時抖開一連串笑聲。阿壬嫂，站在那裏，游目四顧，俏人形，綠叢叢，流轉中，湧現太多的迷惘惆悵。遙遠的，目前的，幢晃中的；一切夢授魂與的形象，都搖晃於眼前了。

她，是油香裊繞裏成長的。莊裏，月桃的爸，是最先從事這種農作的人。小時候，她們一羣，在香茅叢，在香茅寮，捉迷藏、尋知了、說故事、扮娶親、看白雲、幻想作夢；那時，劉阿壬，是最熟稔的遊伴之一。

環山四處的香茅不斷地茁長、收割、衰老、翻根，又重植；香茅寮也一次又一次搭蓋、重頂、倒塌；隨著長大的月桃，她的夢裏、油香、土香，卻漸淡漸薄了。

「阿桃：下莊，阿雄仔來提親，妳看好嗎？」媽問。

「不，我不嫁本莊、本地人！」她趕緊回答。

「為什麼？」媽很驚訝。

「就不嘛！」她盯著跟蹌困乏走過的爸。那是一個瘦削微駝的背形，滿染油污草汁泥漿，黃黃褐褐的衣服，裹著薄薄的身架子，淒楚而寒酸。她脫口說：

「種香茅，哪時熬得出頭？我不嫁種香茅的人家。」

月桃，載著滿滿的美夢，遠離這塊山園，嫁給小城市裏賣木材的張天財。誰知道，四年後，她卻載著滿滿的幻滅碎片再回到熟習的山園裏；她改嫁了小時的玩伴阿壬。

現在，這個裝扮，這個境遇，說什麼好呢？對著小時候女伴，她不由得暗自咬牙：我，阿月桃，從小就想將來要相夫教子，做起家基。紮緊髻鬃，十年八載做屋買田，讓娘家，讓叔伯阿嬸看看。老天！誰知道我會嫁個賭鬼！張天財！斬千刀，夭壽仔！我們現在雖已一刀兩斷，你行你的陽關道，我過我的獨木橋。可是，我帶一個明峯仔人家喊作「拖油瓶」——現在，可被他害慘咧！駝背仔，兩頭不貼蓆！明峯仔，看到他就想到張天財。我恨！唉！明峯仔，媽也疼愛你，可是你害我和和……阿壬的感情……唉！不是媽心狠，我纔二十六、七歲，我實在……。

「不好想得太多，月桃姐！」羣英一邊綑香茅一邊說。

「我知道。」她坐在綑好的擔子上，拈弄著泥塊說：「知道是知道；人，又有幾個人，知道不對，就不想、不做呢？……」

「好啦！妳看：你本來又白又肥，矮墩墩的；現在，看著瘦下去咧！」

「人總要瘦，會老的。嗯，妳看：」她在土塊裏，剔出一個還未完全化蛻成蛹的知了。說：「蟬仔，熱天，好威風，好鬧，沒幾天生命就結束！」把半節蟬殼剝下，成了顫顫的灰肉，滴著黃汁。

「喂！今天挑完，就上蒸灶啦！快，不好捉頭虱咧！」

阿壬哥沒頭沒腦地吆喝著；人，挑上兩百臺斤的香茅，下山了。

她向女伴使個懨懨的眼色；兩人也站起來，擔起香茅草匆匆趕路。她，心事沉沉地，歸途，沒講一句話。

這天，上下午，她一共挑了六回；中飯夜餐，也都是她操持的。

下午，香茅寮的蒸籠開始生火。寮頂，冒出綿綿不斷的濃濃白煙。一個鐘頭以後，山腰溪旁，整個罩在白霧中；霧裏，時時透出朱紅火焰，那是灶裏伸出來的。

這時，一股撲鼻香氣，帶絲絲輕微辛辣，由蛇管（冷卻器）的出口飄開。山谷，被帶入原始蒼茫的情調裏。

阿壬嫂送晚飯到這裏。阿壬哥吃飯後，她吞吞口水，說：

「晚上，我來作伴……」

「好——哦，不用啦！」阿壬哥縐緊眉頭。

「爲什麼？」

「好是好——明峯仔，妳的寶貝呢？算啦！」透著冷冷的冰。他的話。

她慘慘地，吁一口氣，提着竹籃，快快回去。

離家還一大段路，就傳來明峯仔斷續的哭聲；她不自覺地，加緊腳步，還喊著：

「來啦，來啦！」

「死到哪裏去？不怕小孩哭壞！」家婆的嘮叨聲。

「我送飯去寮上嘸！」她想說：「妳，就不肯替我照顧？」

她什麼也不敢說。明峯仔，滿三歲了，青青白白，精靈削長的臉蛋，配上薄嘴唇，眸子倒是大大的，就缺一分粗壯。這時，蹲在矮凳子邊，鼻涕，番薯飯，糊成白沓沓的大小鬍鬚。

「阿明峯——差一點，像死了！那賭鬼，醉貓仔相！」她在心裏大聲咒咀。

突然，她，陷入狂亂的情緒裏。一潮潮、一排排、渾濁的、曖昧的，桀傲不馴的意念湧來，激盪着；怨詈、煩厭、愛憐、愧怍的浮塵，滿頭蓋腦地掩覆下來，她自我掙扎——不知爲什麼掙扎——強迫自己堅強、淸醒。最後，一切閃著玄光的變形的糾纏，都化作一縷白煙，消散於靈臺的曠闊碧空；只剩下無邊無垠的茫然，茫然。

夢遊似地，安排明峯仔睡覺，自己卻實在無法入眠。她很想笑笑；笑笑，是怎麼一副模樣呢？看不到自己。她挪到鏡臺前，怔著，癡癡地。

那是一個圓盤臉，微黑的。油光光的鼻準，鼻翼嫌大些；喧賓奪主地，使那對細長眼睛，和下頦稍小的嘴巴，退縮在後頭似的，顯得不打眼——一個固執自信，卻又有些笨拙的構圖，就這麼擺著。

最近，她常常這樣枯坐鏡臺前，讓彩色繽紛的舊夢，塡滿目前過早到來的暗淡。

一年半前，改嫁給阿壬時，心裏就十分複雜。結婚的晚上：

「夜深啦，睡吧！」阿壬悄聲說，透著一點點縮瑟。

「嗯……」她抬頭，唇邊連連蠕動，竟灑下一串串淚汁逼不出一句話來。

「不高興？阿月桃？」老實的新郎，慌了手足。

「不是。我……」她畏縮地瞧他：紅燭搖曳中的臉蛋，依稀是孩子時候的那分靦覥啊！一絲絲甜蜜，一疊疊惆悵。

「阿壬：我眞高興，回到自己的老地方來，又嫁你！你，偸偸向我眉目傳情，還記得麼？」她心裏說。她想把喜燭熄掉。

「留著。」阿壬的臉更紅了。

她還是把燭火熄了。「原諒我，我睡覺怕光——」她不由地向自己說：「我，這個身體……」眼眶仍是濡濡地。心口的不知哪個角落有煩人的小蟲在騷爬。

「月桃，別想這樣多。」阿壬偎著她，繼續說：「我，我會好好待妳，愛——妳！過去的，不去想它……」

「啊！」她抽了一口氣，一陣哆嗦，就要掙脫他的雙手；但沒有，她瞬即癱瘓了。一個漏氣救生圈那樣。

是的！不要想它，不去想它（他）。她重複著，她連鎖地搖搖頭。噢！不去想它——也是一個不寒不熱的秋天……他比較白嫩……他不比阿壬粗壯……阿壬比他高，他滿嘴菸草味酒精臭……他粗野又蠻橫……喂！妳想什麼？不去想他呀！不想——他——那時，我還是冰淸白雪女人家……他——噯喲——妳！又想，又想……「啊！」她呻吟似地喊起來，像跌落山崖。她再搖搖頭。

「阿月桃，阿月，月桃，阿桃，啊！」阿壬含混不清的語片屑夾在重濁的呼吸聲裏。

「……」一陣朦朧，一陣遙遠的激盪，使她意識逐漸模糊。

——嗚哇，嗚哇，哇哇——

「噯呀！」她，被針猛刺一下，整個清醒了。

「阿月，妳……？」他也被搖撼了。

——哇哇！阿媽，媽媽！嗚嗚——

「明峯，明峯哭啦！」她說。

「啊！明峯仔！」他說。

媽媽！媽媽哇——

「哎！」

「去，哄哄他吧……」他冷靜地說。

她猶豫一下默默下床來；他卻默默地把蠟燭點上。

她走到門口，愣愣；咬咬牙，伸到門栓的手，猛地收回。一轉身，她撲向丈夫，攔腰抱住丈夫，無聲地抽噎不停；使勁擺頭。

「不要這樣——沒奈何……」他把妻子扶起來。

明峯仔的哭聲歇了。

他們靜靜地盯著對方。他們似乎都感到對方的眼神，很深沉，很複雜……。

……。

✻

想前想後，阿壬嫂失眠了一夜。頭暈眼脹，透早煮了飯，就給送到香茅寮去。天，很高。風，很爽。

阿壬哥，躺在火灶邊，睡著了。蒸餾過的草茅草，也從蒸籠起出了。黃澄澄的油，盛在闊嘴瓶裏，隨著一陣陣晨風，播散幽幽清香。

她，陡地感到切切心疼；她深情地蹲在丈夫身旁，脫下毛衣給蓋上——她被自己這個動作激動著，卻對自己這份柔情感到陌生。她像被自己挑起了什麼；很想哭。她伸出左手，替丈夫把散落額上的頭髮往後梳。

「呃呃！」他伸個懶腰，睜開了眼。妻的形象映入眼簾，他傻傻地笑。

「吃飯——阿壬！」他被看得赧然發慌。多新鮮哪！

「幾點啦？」他一挺腰站起來。

「六點零咧。」

「噢！還早！」他再躺下，順手一牽，把她也帶下，壓在身上。

「噯呀！你！」她，八成驚訝，加上二分欣慰。古老了，迢遠了，甚至根本沒有過；婚後丈夫何曾這樣熱情過，「愛」過？

她完全陷入比夢更虛幻的騷動遲疑裏。

「近來，我們，吵鬧太多！對不起！」他說。

「……」她摒住呼吸。

「一年多來，我們，眞不像夫妻。」他自語：「本來，應該恩恩愛愛才對，唉！我也太死心直腸啦，眞委屈妳！結婚後，妳沒過一天好日子！」

她，眼淚成串串，灑落丈夫的胸膛。

他起來用飯。她定定地看著丈夫，好像過去太多空白日子，要靠這場深情的凝視來補償。

「你，你，」她鼓足勇氣說：「忽然對我好。阿壬你？」

「妳奇怪？」他往大嘴巴送大團飯，梗塞地說：

「我也不知道——昨夜，我想得很多。」他停下扒飯，癡癡說：「深夜，我很寂寞；外面，有夜鴣在叫，一聲聲，叫得我心酸酸地。」他盯住妻子。

「夜鴣？」

「嗯。夜鴣。知道嗎？客家人老一輩的說法，」他淳厚地笑笑：「古時候，有一個婦人家，嫁給一個壞老公，老公不疼她，常常在外面玩女人。她去抓姦，結果被老公害死——拿吸血湖蛭騙她吃。她死後，變成夜鴣，每夜三更時分就哭，哭得她的老公，睡不著，內疚神明，後來發癲啦……」

「你講故事？」

「講故事。我想到：婦人家，老公不疼愛，眞可憐！阿月桃：」他幽幽地：「我知道妳十分傷心，十分失望——晚上，妳常常講夢話，夢裏妳哭，流淚……」他抬頭，用求恕的眼神，凝著她；表達不出的意思都在這裏了。

「啊……」她雙手掩臉，間著哽咽，說：「我們兩人都沒有錯——千不該萬不該，就是多一個明峯仔，害了我們！」

「明峯仔。我不是想不開，不是存心不愛他，唉！我講不出我的心境。」

「有時，我會恨他！恨他害我……」她倏然住口。居然把最隱密的心語，剖白於丈夫前？她被自己嚇呆了。

「嗯。不瞞妳，有時，我也……」

「我有這種心理，實在不該！」她說給自己聽似的。

「所以，我想：我們要用心機，盡力破除這種心理作怪——昨夜，我就想：看香茅草：用烈火蒸餾，就能蒸出香噴噴的油來，油，不是自己出來的，要用火蒸熬餾！我們的感情，也同樣。」

「……」她，心頭電轉著。阿壬，這個只有國校畢業的憨直漢子，竟能講出這些話來？她，似乎十分奇怪；她懂得的世面，比他可要深闊得多。

「阿壬……」她講不出話來。

她，有些恍恍惚惚；驟然的幸福感，湧向落寞，黯淡慣了的胸懷，眞有點手足無措。

「回去吧。」他伸伸腰，開始給蒸籠塡香茅草。

她，哼起採茶山歌，踩著小跳步下山來。臺灣的秋天，很美；尤其深山裏。這裏不見落葉枯枝，黃土飛揚天地蒼茫肅殺秋景；卻有天高氣爽山壯水清的曠朗情調，給人一種生命成熟的喜悅——她，阿壬嫂似乎也能感到什麼，她笑漣漣，在心湖裏描繪著明日生活的新貌。

月桃啊。就要上好運啦。小心啊。記緊啊。今後一步一步，一言一語，都得小心。把握它。把握他。不好忘了，幸福日子就到來啦。我一定要捉緊它。我不惜任何犧牲，任何代價——噢。他好好待我，要我去死，去做乞丐；去，去殺人，我都願意……噢。哦。明峯仔！明峯仔！求你不好再害到我啊！你，明峯仔，好哭，貪食，固執，又不聽話！明峯仔！每晚你就不肯另睡一張床，就死賴著和我睡在一起。阿壬……我一轉身……明峯仔，你深夜還不睡，眼金金！就眼金金！死東西，明天，一定不讓你睡午覺！哼！氣死人！噢！我決心，絕對！不惜任何犧牲，任何代價。他好好待我，要我去死！去做乞丐，去殺人我都願意啊……

她，反覆這樣自語著。

春天來了；是說阿壬嫂與丈夫間的春天，在這秋季收割香茅後，充滿在彼此心頭上。

「月桃姐，你笑咪咪，小兩口，相好啦！」女伴說她。

「阿壬哥，賺錢啦！秋季香茅草，賣到好上價！」村子裏的人說。

「好啦！我要把握幸福！把握他！」她對著鏡子刻意打扮。

❊

眞的。春天來了。滿山滿野的香茅，春風微送，掀起陣陣綠浪，像一望無際的青色絲綿，搖搖晃晃；如萬頃碧海，連天翻濤。這時，空氣裏有些微的香味，飄著。遼闊。壯觀。眩目。醉人。

香茅園，東隅西邊，幾棵相思樹上，鳴蟬把夏天叫得火辣；茅農他們，母鷄搶地豆似地，把握時間收割香茅，接著又趕緊除草施肥，爲的是，二季收成，能趕在秋霜下降前完成。

白露、秋分、寒露，接著霜降、對雪。很快。阿壬哥的香茅寮，又冒白煙，散發油香。

這段日子，他們過得不錯。阿壬嫂白些，更健美了些；不易流淚的她，常有笑容；雖然她時時還是小心翼翼地，保護、培養這斷崖邊似的幸福。而她，那新縫的緊腰洋裝，不知什麼時候，腰身，粗了，隆起了，肚子挺出來。

「阿明峯，你要招什麼？招弟弟？」

「媽媽，招，招……」他，直翻白眼兒，哆哆嗦嗦，講不出來。

「說！說招弟弟。弟弟呀！說招弟弟！」

「招……招……弟弟……招……」

「唉！四歲半啦！半個啞子，一把排骨！你，飯吃到哪裏去啦？」

白白瘦瘦，鬱鬱默默的明峯，一偎到懷裏，她的心田，就兀地盪起一陣異樣的騷動，一股茫然，一縷不安，一絲恐懼，接著是抑制不住的一聲喟嘆。

「沒有他，我不是過得更好……？」

「萬一他有個三長兩短……？」

「將來他會去找張天財？他，二年來……？」

當這些所由無自，糾纏不休的聲音形影，逼得她坐不是睡不是，跑去幹一番苦活，仍舊擺脫不了時，她會突然「歇斯底里」地叫喊起來，摔家具，撕衣褲，抓頭髮——本來，阿壬嫂是個理智，堅強的婦人。

這樣的時候，她是深深苦惱著了。

「擺脫！擺脫！擺脫！魔鬼呀！我就是擺脫不了」她痛苦地呻吟。

這一天，晌午時分，阿壬哥就賣完香茅油回來。

「今天，三十一塊六角結價！」他笑不攏嘴地向她報訊。

「割這麼多豬肉！」她接下擔頭，意外地說：「噫？豬舌頭、豬肝，哦，馬沙巴魚、金針、木耳——你？」

「妳忘啦？嘻嘻！前年，今天？」他脫下汗衫擦汗。

「哦！阿壬……」她沒講下去，凝他一眼，深情地。

她盯住他，久久出神：豐隆鼻準，長長眼睛，油亮亮古銅臉；嘴巴是有稜有角的多坦白、多稚氣、多老實、多可愛的臉啊！她想。

甜蜜、幸福、爽快：她感到。

這是一餐豐富的午飯，甚至老媽媽已感到浪費。

「做生日？討婆娘？過年？七月半？好舖張！」

「多吃豬肉吧，阿媽。」他，丟給妻子一個笑容。

「肉，肉！明峯仔，你也多吃一點。」她說。

眞的，明峯仔吃了好多豬肉。下午，拉了兩次肚子。結果晚飯只吃了一小碗。

晚飯後，她替明峯仔洗好澡，便安頓他睡覺。這時阿壬哥拿出兩包糖果，和半瓶紅露酒，在房間裏，夫妻倆吃將起來。

「地豆糖、蔴米烙，喏，快吃！」他呷一口酒說。

「不要喝酒嘛！阿壬！」她，送過去一顆地豆糖。

「好時日嘍！吃小半瓶，沒相干的！」

「兩年啦！我們……」

「記得兩年前的這個晚上？」他，不自覺地轉臉一瞥床上的明峯仔。

她心裏猛震，一時彼此都靜下來。

外面，有纖細蒼黃的月色；秋冬交際的那種淒淸、苦澀、朦朧的月色。

「妳在想從前？」他的臉漸漸酡紅。

「嗯。想兩年來的生活。」

「不是想，想，想那個人……？」他被酒一衝，著魔似地又胡說了。

「你？你講？你又講？」她陡地站起來，感到一陣冷氣，不知打那兒灌胸進口。

——「屙!屙屙!媽媽——要屙!」——明峯仔在床上喊。

「死東西!」氣,堵滿喉頭,不知怎麼,一股腦兒都往孩子身上發了。

她一把拉起孩子,抱到夜壺上便溺;「噗」一聲,又是下痢。她忙了一陣。孩子送上床,她乾脆也蒙被而臥了。她很想哭。

「對不起,阿月桃!」他打著酒嗝,也上床來:「我,無心一句話,別生氣好?」他脫了上衣,鑽進被窩裏。

「嗚……」她幽幽低泣著。夫妻生活上,感情,像個受嚇的鴿子;她隨時爲它變動,消失而極端緊張著。

「噢!阿月:我多愛妳——別笑我,我時時怕妳不專心愛我……」他噴著濃濃的酒味,從後面輕輕摟住她。說:「我一想到妳有時會想起從前,看到妳和明峯仔親熱,我,我本來不應該。妳諒解我?同情我?」他情激難伸地,他嘆了一口氣。他爲自己嘆息。

「我們,本來應該生活得很好才對!」她軟化了。

「別想剛才我講的廢話。」他吻她。

「嗯。」她擺動頭髮。她回吻他。

……

——「屙屙！媽媽．屙屎…………」——明峯仔又呼喚。

「…………」……。

「…………」……。

——「屙屎。媽媽。屙屙——」噗吁——拉在床上了。

「絕代仔！夭折仔，死不到的！」她，怒火驀然高熾；胡亂披件衣服，爬起來。

她掀開孩子的被，一陣臭氣，迅即瀰漫房內。「拍拍」，她給屁股上兩巴掌，誰知道，手掌上盡是黃希拉，黏稠稠的。

「我來幫忙？」他說。

「你睡！」

「小妖孽！」她一邊收拾，一邊詛咒著，火也越說越旺：「你，明明是生來整治我的！你，你死鬼阿爸，都是天收不到的！你爸爸害我不夠慘？你又再來！我結婚的晚上，觸我個煞頭，我夫妻險些就壞到底；今晚，你！你！該死不死呀！你死後，我就出頭天啦！」她狂亂而不能自制。那是太多的幽怨、委屈、恨毒的暴發吧。

明峯仔睡的地方，實在難以「善後」。她把孩子移到隔壁客人房安置；明峯仔默默，沒有反抗或膽怯的表示。是嚇傻了。

這個房子很大。除了三塊榻榻米大的床位外，堆滿農具、農藥，和大桶小桶，大盆小盆的香茅油。用盆碗盛油，是因爲油裏下層的，水分沒有完全隔離，需要加工才擺在那兒。

「好好睡覺！該死不死的！」

她轉身扣門就要出去，突然，一個冷森森的意念，竄出腦際：「沒他，日子就好過啦！農藥？動一下手，他吃，就……」

她猛地急步溜回房裏。可是，一陣不知起自身體哪個角落的戰慄，疾快布遍周身。她被逼出一身汗，她跑回房裏，滾進被窩裏，久久不敢呼吸。

這一夜，阿壬哥很快就滿足地，疲困地，睡著了；像一條賽神的大豬公。她始終恍恍惚惚。她似乎在作夢；夢到蛇、鬼、毒藥、死亡。可是這些恐怖的景象，出現眼前時，明明是眼睛睜得大大地。她一直沒有睡著。

她開始後悔打孩子罵孩子；尤其心疼把孩子送到另一間房裏去。出生以來，可沒有離過身旁的。

幾次克制不住，想過去把孩子抱過來；至少也去看看。可是，她竟不敢；她沒有勇氣；甚至於她還竭力暫時忘卻孩子的形象從腦海剷除；尤其剛才那可怕的念頭。然而，她對自己一切都無能爲力。

她似乎聽到孩子熟睡的鼾聲，要求喝茶的聲音；也像痛苦的呻吟。

「噹噹噹噹噹！」五點鐘聲，是煮飯的時候。她一骨碌蹦起，就過去看孩子。

「啊！」她尖叫一聲。退後兩步。僵立一會兒，靠著門，緩緩仆倒地上。暈過去了。

阿壬哥聞聲，跳進來，也嚇傻了：

明峯倒在床上，仰臉向上。靠近床緣的一碗香茅油翻倒了。

「吃香茅油？當茶喝？」他搖搖頭。

摸摸明峯的左胸，心臟還微微跳著。

❊

冬。朝陽，躲躲藏藏地，滑過莊邊桂竹林子，然後潑落於門檻；冷淒淒地，那個光，塗在人臉面手腳上，似乎是酸酸、澀澀、癢癢的。

阿壬嫂，一座冷冷硬硬的大石塊。蹲踞在門檻上，溫靜而專心地望著太陽，偶爾舉手眉緣，遮遮它，或向它招招手。

她白多消削多了。肚子，顯得格外凸突鼓脹。那對本來是堅定、沈著的眼睛，現在是幻惑的，浮飄不定的。

自從明峯被送入醫院後，她就這樣迷迷癡癡。

這時，她定定瞪著太陽。太陽，黃澄澄的；閃爍的光芒，在她心的空間上，流轉、廻旋，方形圓形橢形菱形地重組著；笑、哭，最後變成一團玄黑的光，隱進眸瞳裏；眸瞳裏，幻化出縱橫交錯，紛沓雜陳的形象來，這時她笑。

「九點零啦！全家都吃飽咧，妳還不吃飯！」阿壬哥在屋裏懶懶地喊。

「好啦！」她突然莫名地生氣：「吃！吃！吃！總知好吃！」

她對著太陽，雙手不停地擺，頭也擺，像是否認什麼。同時片斷地嘟噥著：

「明峯仔哦！明峯仔！有蓋被嗎？阿媽疼你，啊！阿媽是，是禽獸！是畜牲！」

「阿月桃！妳！妳沒天良，沒良心呀！愛老公，不愛親生子呀！」她壓低嗓子說：

「阿羣英：我和妳講：我的拖油瓶明峯仔，吃香茅油囉，吃農藥馬拉松囉！唉！妳不知道，哪裏是他自己喝；我裝毒藥給他喝的。妳知道嗎？」她雙手猛敲門檻，繼而用頭頂撞。說：

「最毒婦人心呀！毒殺親生子呀！月桃姐沒好死呀！噢！天公爺爺……」她霍地站起來，跑到屋前籬笆內的小廣場上，緩緩下跪，雙手合十，仰望天空哽咽地說：

「噢！我錯了。我害死親生子，萬望天公，玉皇大帝赦我大罪……好嗎？嗚嗚！」她放聲大哭。

阿壬哥不知甚麼時候，站在客廳門前，直瞪她。

「眞瘋癲了！」他長嘆了一聲。

「什麼？哈哈！我，不怕。就不怕！我就不信有神有鬼怪——我月桃，四海跑過來的人，還迷信？嘿！天知、地知，我自己知道；天在哪裏？我不講，不承認，哪個人敢講我殺害他？哈哈！」她笑得直打哆嗦，淚水，迸濺滾瀉而下。

「進來！月桃！進來！」阿壬哥出來拖她。他淒然一嘆：「唉！可憐的明峯仔，親生阿爸不行，今，阿媽又……」

「哇！別捉我呀！我認罪就是啦！」她逃出籬笆外。跑到山路上去了。晃著大肚子。

山路，很小很小。左彎右拐，上坡下坎，她就那麼跑著、哭著、笑著。遠望過去：她和一羣羣的落葉，雜在一起；不知是她在拚命追逐落葉，抑是落葉苦苦糾纏她。

她有時清醒，清醒時，在尋找自己；她有時完全迷失，迷失時，無數個自己在鞭撻她。

關於存在的一些信息

一年多來，我遇上了一些很特別的人與事。

喔，不。這無關我的街頭演講、文化論述；而是偶然的機會下和一個陌生人在社會的陌生層面「探險」了一番。

事情過後，那些人與事卻日裏夜裏經常閃現腦海，而且像一道漩渦不斷要把我的心思纏捲進去。或者說，隱隱中，它涵蓋了許多意義，而我觸及了那些意義，不過我並不盡然理解；或者說，我的意識的某個層面，始終持續在剖析這些意義的內裏、結構。而我，一直失敗，心裏總是不安。我知道我是屬於最不重視意義的一個族羣之一分子。這樣一想就更爲不安了。

這樣說起來，癥結好像不在那些我「陌生層面」的人與事，而是在我自己。我的意思是說：我正是人間迷迷糊糊的世人的取樣之一；無感無覺地讓諸多蘊涵重大「意義」的人事物從自己身邊眼前、悠悠然流走、消失，也任由個人僅有的生命時光，昏昏噩噩悄悄流失無踪……

——由於近來生活情境的變化，一些自己十分執著的事務，在大環境的曲折裏，似乎突然失去了焦點，或者說，它，陡然呈現陌生而自己完全不能掌握的形貌了。我發現自己的人生一夕之間被迫撤退了——我的五十多載歲月，撤退了好幾次——撤退難免懊喪，但是滾熱的意志偶爾得以清涼一陣，未嘗不是福氣。也因爲目前是這種心境，我想我有能耐把這段「探險」當作故事寫下來。

❊

記得是前年陰曆過年，初四、五的午後，老友秋臺未經約定就帶一個白淨微胖中年男士來訪。

秋臺是我三十年知己。他是水彩畫家；三十年如一日點點描繪他熟悉的農村、農人、農事，以及臺灣的山岳鄉野。我常說他是「色彩的魔術師」，他總是微微笑笑。這個人除了畫畫之外，關於「美術活動」，十足是一個白癡。

唐突地帶一個陌生人來訪，這不像秋台的作風。在賓主坐定後，秋臺趕緊說話了：

「這位……林董事長，林村賢先生。」

「老師：你不認得我啦？我是村賢啊！」客人搶著自我介紹。

「他說是你的學生，他說不要先通知，所以……」

我很認眞地端詳眼前這位予我很陌生、很「精緻的社會士紳」——感覺的中年人，據說是我的朋友，喔，不！我的學生……

「看樣子老師是眞不認得我了。」這個人一直微笑著，是自信、體諒而又帶著促狹那種微笑。

「很排細！我，中小學待了四個所……」

「苗栗農工，森林科……五十八年畢業的，我在甲班，班導是謝照炘；老師您教我高二高三國文！」

「喔，喔……五十八年……」我努力思索這個人的影子。

「我叫林村賢，家在頭屋鄉。我的國文成績總是六十分。哈哈！」他再予補充介紹。

我只好喔喔連聲，然後故作恍然狀，表示全記起來了。實際上我臉頰滾燙；我根本毫無印象。這是很尷尬的，在我卻是從未有過的。高職國文一週四節，教了兩年，一班又只是三十來人，豈至印象全無。而實際上我無從記起這個林什麼的。

秋臺說明來意：要帶林去看在通霄雕木刻那個人。

「你說去看J？」我微微一驚，補充一句：「聯絡過嗎？」這個雕刻朋友不喜歡人和他稱兄道弟，我們當面也稱他「J」而不名。

「嗯。J答應了。」

這又讓我一驚。J是一個不大與外界接觸的雕刻人，平時很難讓他敞開工作坊讓人參觀的。尤其在得病之後，幾個月來，謝絕所有展出與參觀；J說他要把餘下的時間全用在創作之上……

我利用上廁所時間問秋臺：玩什麼把戲？

「你知道，J急需醫療費——這個人肯花錢……」

「J病的事，說了？」我皺起眉頭問。

「沒有！絕不能提！這個人精透了——知道了一定殺價，不然就等人死了撿便宜……」

秋臺也有厲害的一面？

「那你？……」

「唉！J的龐大醫療費……」

「是啊！他不應該不聽院方的制止，硬要回來！」

「他說要在斷氣前多完成幾件，還有他付不出……了！」

林回到座位上。我們的談話自然停止。林提議這就上路。我答應一起去。

走下五樓公寓，一輛巨型「富豪」轎車滿滿堵在公寓大門前。我正要開口罵人，林卻一個箭步衝前去，開車門，作肅客狀。好傢伙。

由苗栗到通霄，然後轉到了砌建在海邊角落的工作坊，約要一個小時。林在路上條理不紊地向我「簡報」（林的用語）了二十年來創業發跡的經過：

畢業當兵回來，失業無以維生，他第一個「行業」是背起「拔得力」去偷電魚——據說是非法的，所以說「偷」；電魚收穫不夠好，改以炸藥炸魚毒魚。這個勾當相當刺激，因爲是在與警方玩捉迷藏狀況下進行的，而且他總是贏的一方。

可是這個行業也在半年不到時間匆匆結束。不是他突發慈悲，而是中部幾條河川水淺魚少，經不起幾隊同行輪流轟炸下毒，很快就絕子絕孫啦。

下一步是「由水而陸」，以毒魚用的氰酸加里毒殺人家的家犬，賣到香肉店……

「唔……」我大概呻吟出聲。

「哈！太壞了，是不是？」林側過臉來，作一個鬼相。

「是啊！」我和秋臺不約而同地。秋臺臉色很黯。

「是太壞。唉！這行飯可不是容易吃的，隨時得準備被抓或挨揍！」

「……該死該殺！」我心裏說。

「實際上我退出這個行業是——哈哈！是腳骨被一家狗主人打斷了……」

「打得好！」秋臺眉開眼笑。

林自嘲地乾笑兩聲，然後正經八百地繼續下去：

這次難堪又痛苦的傷害，卻是他的轉機來臨時刻。「毒狗的」，哪敢在家鄉活動？那時他是一個人在桃園租一間小公寓獨住。斷腿上石膏的那段日子，爲了養活自己，只好從往日同學那裡接過一些手工來做。

那時正是臺灣初級電子工業起飛的時候，急需大量的手工組件工人。林當了三個月組件工人。能夠行動之後，他租一棟破房子，找來自己各階段一起混的兄弟一起工作——他成了人家衛星工廠的老闆兼工友。

「一年之後，我自創『前豐電子股份有限公司』，然後……」林說得意興昂揚，極像洋片中的工商巨人。我卻擔心他把車子開出馬路，掉進溪谷裏去。

「然後你搖身一變，成了電子業界大亨？」

「不錯，三年內，我擁有兩家生產電子組件的工廠，另外與同行合資開一家塑膠廠——『興鑫聚合有限公司』——擔任董事長。」

「哦？興鑫聚合？那個……？你是大股東？」這家公司倒閉案，轟動一時，我有些耳聞。

「哈！唉！在興聚垮臺前兩個月，我獨資的兩家電子廠也關門大吉——低技術層面，加上惡性競爭——所謂『臺灣無三日好光景』，死結就在這裏！」

「然後你又？……」我凝盯著身邊這個越看越陌生，越聽越不解的傢伙。這個人，說來卻神情一片冷靜。

「我走路了。在泰國躲債三個月——興鑫倒閉時，我已經在泡泰國浴啦！」這個人說來全無羞慚不安的意思。

我說：惡性倒閉，你把資金抽走，避過鋒頭後又東山再起！林說：絕不是惡性倒閉，很快再站起來是眞的。因爲由於祖傳下的一分多地被畫入都市計畫，他在兄弟分家時得了一筆錢；把這筆錢轉買一塊建地，結果在一個月之內地價暴漲一倍多。於是他開始炒地皮，搞房地產……

「我大徹大悟了：海島臺灣，資源有限，產品只有外銷一途，政府又根本不肯作長遠的打算，所以，任何行業都無三年好光景——你不隨時準備撤身，你越投入，那就只有一途：死路，而且死得越慘……」

「那你？……」

「我是說：除了土地！嗯，除了炒地皮，搞房地產，其他，準死；你最壯大，你就是最屍骨無存的候選人——這是：『臺灣的經營哲學』！」

「好傢伙！」

「炒地皮！永遠是贏家？沒例外？」

「不錯。當然你還得估量估量自己的本錢；要經得起利息的負擔！」他說得鏗鏘確定，卻在這時微皺眉頭加上一句：「不過：這還要一個前提——也可以說：臺灣島榮枯生死爲前提：臺灣不掉進中共的銑鐵大鍋才行！」

我和秋臺對看一眼。林的看法一點都不獨特；以「銑鐵大鍋」比喻中共統治倒是新鮮又精緻得很。尤其我這個歲數年代的人，都用過銑鐵鍋……

我有些話想講，卻又不知從何說起。看來這個人有錢的程度，怕是出我能想像的吧？大概荷包既飽，爲了附庸風雅，買買字畫雕刻品等；說不一定還想從中牟利呢。這也無足奇怪吧？

秋臺招呼停車。車子停在木麻黃林裏。到了。J半牆石砌半牆木板的工作坊就在林子近中央的空曠地上。

工作坊前左側有個木柱，茅草屋頂圓亭；木柱，木板簷邊全雕了些花紋，還有蛇形圖案。

從木麻黃的防風林空隙，可以望見藍綠的海面。風沙咻咻。工作坊雙扇緊閉，不過屋裏雕鑿木頭的響聲卻清楚傳出來。J正在工作無疑。

我們站在門口，林卻阻止秋臺伸手敲門。他又後退一丈，直直站著、雙眼凝視觀看那緊閉的雙扉。

我在秋臺陪伴下來過兩次。第一次是秋臺大力推薦下來欣賞J的作品。第二次，秋臺說J得了肺癌，將不久於人世：J才三十開外四十不到，令人心酸；秋臺熱心協助他展覽作品，我陪秋臺來看他。

實際上，對於J頗具異色的木雕——一律是原住民形式的作品——並未引起我特別興趣或讚賞。

——林有些誇張地如此駐足觀賞，我心裏有些好笑的意念飄浮著。

「這個……唔……」林重重地指點那兩扇門板的四支柱軸說：「這些，排灣、魯凱族的保護神……這樣不好……」

林神情，目光完全是嚴肅的。這個人出現在我眼前近兩個小時裏，從未如此嚴肅、正經過。我深感意外。

「這些百步蛇……」秋臺也認眞起來！「又特別給標幟化的形式……」

「對，張校長你知道：排灣族他們，不會隨便刻，或任意裝飾這個保護神的。」

「我知道。」

「他們很重視輩分，階層位置。」我也有些感觸：「這個百步蛇，要在族長，或公衆聚會場所才能安裝或供奉。」

「這個人……對於排灣族的傳統崇拜——百步蛇，確實下了功夫！」林說，一派專家口氣。

他接下去還眞是說了內行話：排灣族重視倫理孝道、社會羣體的行爲規範；畏天敬祖，禮儀祭典等。而這一些又以崇拜全族的保護神：百步蛇，也是祖先化身——爲中心……

「這個……不但族人不許隨便懸掛或使用保護神的圖像、雕刻，而且數量與形狀還隨地方和地位不同而有所差別。」林補充說。

我和秋臺也都懂得一個大概，所以不吭不哼。

「你看……」他走前去指著柱軸上盤踞糾纏的巨形百步蛇說：「這是『原祖』圖形……和他們那座圖騰上的同型……」

「圖騰？……」我發現他話中有話：「什麼那一座？」

「啊！這個……以後再談。」林忽然支吾半天，又把話扯回來：「把這個……雕在門板門柱上，不好，不應該，而且……危險……」他說「危險」？

我與秋臺疑心大漲，正要他詳說，工作坊的雙扇門緩緩推開了：J站在那裏，身邊七、八歲兩個男孩緊緊偎著他；父子三人臉上一式淺淺有些羞澀的笑。

一個多月不見，J胖瘦不變，臉色卻蒼白多了。

簡單介紹後，秋臺在林走開的空檔簡明告訴J：今天這個人有點錢，想選購幾件比較精緻的……

「阮知，者係好意啦。加唔過……人嘛沒救咧，賣些爾錢又安哉？」J沉吟一陣說：「阮想：完整留下，等阮身後阮牽手加囝仔去處理卡好……」

「……」我們無言。

「過後，上醫院意思意思個醫藥費，還有些爾啦！」J十分善體人意。

林在這相當寬敞的陳列屋逐件仔細觀賞。他顯得很認眞；跟前此兩小時內談笑風生的形象完全不同。看來這個人難道還眞懂一些雕刻藝術不成？

據秋臺介紹：J原來是三義傳統木刻學徒，一年到底只依既定「規格」削切雕製神佛像而已。雖然讀到高中，大部分時間卻在當學徒，三年出師，接著當兵兩年，退役後他「失踪」了；在家人惱怒斥責下，一個人躲到屏東縣、最偏僻的山地鄉「來義鄉」——最深山的古樓村，跟一位老排灣學習木刻。

不過這奇特行徑還是有線索可查的：在軍中交上一個排灣族的朋友；這個人身上掛的一件小木雕令他著迷。等到被邀到古樓村，見識了排灣老師傅的作品後，他立刻下定決心，他愛木刻，而那僵化的老套他不能忍受；於是他上山「修練」兩年。老師傅死了，他下山一個人來到這海邊從事他的異色雕刻生涯。也許是拜社會富裕之賜，他漸漸能養家活口了。然而，他得到了絕症……

——林花了近個小時時間觀賞品味，然後坐下來，第一句話是：

「恕我冒昧：你是排灣嗎？或是魯凱？」

J搖頭，我和秋臺都笑開了，林卻盯著J說：

「你的木雕，清一色是排灣族的線條、造型、色彩，為什麼？」

「嗯。我專攻嘛！而且是越雕越入迷！」J很得意。

「可是……你沒有遵照排灣人的規矩製作這些作品吧？」

「哦？什麼意思？」J神情陡地一滯，臉上泛過一片紅潮。

秋臺瞠目張嘴，顯然也被林的話震懾了。

「那些戰鼓，戰刀，弓矢，『獵使』、『守夜』、『喚醒』；尤其『守護神』，不可以雕刻在桌椅上，水桶、菸灰缸、果盆、枴杖……上面吧？」

「這……我……」J居然難以爲答。

「喂……老弟：人家雕刻創作，愛怎麼搞，雕在哪裏，還要死守什麼規格啊？」秋臺替J駁斥。

「抱歉抱歉！我的話沒頭沒腦的，對不對？不過，行家他，他知道我的意思——那位老排灣，一定交代過他！」林一點都不以爲自己失禮的樣子。

J茫然一陣，然後默默點頭。那樣子好像是「認罪」。在我們逼切要求下，J和林一唱一和地敍述了其中奧祕所在：

原來J作品中的造型，都是排灣族共同崇拜的「圖騰柱」上的特有線條、造型。「獵使」是圖騰上的狩獵神犬：「守夜」是貓頭鷹神使，「喚醒」是叫醒族人起床的神雞，守護神當然就是祖靈化身的百步蛇了。

這些各有象徵意義的傳統神話中名物，族人平常刻雕的造型和線條，和那人人崇拜的圖騰中造型線條截然不同。問題是J在「平常器物」中，用了圖騰的專有線條造型。尤其那「原祖」百步蛇的特殊造型，更是「大不敬」……

就是說：J冒犯了排灣的大禁忌！

林的意思，我懂了。這幾年我苦讀文化學的幾門東西，對這些說法有些了解；對於族羣尊重的觀念也因而頗有概念。

「嘿！這是藝術創作嘛！還管什麼禁忌？」秋臺說。神態故作輕鬆，他顯然是想把氣氛轉化一下。

「嗯……」我硬著頭皮點頭。

「何況，他，又不是排灣人……」

「……這樣說……不妥吧？」林爲難地。

「唔，這一點……」我不得不說出負責任的話：「我們不能說：不是那個族羣的一分子，就可以不尊重，不遵守人家的規矩！」我試著把話轉得委婉些：「只是，看看能不能提出更好的——我的意思是：解釋爲並非觸犯人家禁忌——如何？」

其實這是廢話。大家僵住了。

「各位……」J說話了：「這位先生，是對的。我這樣對『密烏映』是不敬的，我不該隨便在用品器具上雕出偉大的守護神原祖……」

「……」

「尤其我得病之後……」J淡淡一笑：「我是有點感覺——怎麼說呢？我這幾年誠心誠意投入工作，我很忠誠於雕刻，我珍惜我的每一刀一鑿；可是，心底總有些不安，有些惶恐。我自信很盡心，但不知什麼地方錯了。就這樣，今天，經您這一說……總之，謝謝你。」

「好吧。以下，講些輕鬆的，例如……」我說。我是有許多可以瞬間改變氣氛的話題，可是，好像這個氣氛難以乍然劈開……

「還好，我，我的這些作品，很少流出去；就是流出去的，幾乎都是好友捧場的，我知道，都被當作家具般放置著——現在，改，來不及了。我……我會不再讓它當商品流出去就是去了。」J說。

這是完全出乎意料的狀況。

天色暗下來，該走了。林很誠懇地要買下兩件樟樹木刻；一是一對土雞帶五隻小雛雞的雕塑，一是三臺尺高刻滿百步蛇等排灣族特殊造型的圓柱……

「這個……」J指著那個圓柱子搖頭苦笑。

「我知道。正因爲我知道，所以……」林凝目逼視J：「我會安置在書房適當的位置……」

「這個……」J顯然十分爲難：「你不是剛剛才說我……」他似乎突然另作決定：「這樣好了，先生：你今天會這樣提醒我，那你一定會好好對待『祂』——那麼，這個，不能收錢；不是送給你，而是：『交你保護』。怎麼樣？」

結果是「一買一送」，完成「艱困交易」。我們要離開時，林問J一個奇怪問題。他搖搖手上圓木柱說：

「你見過這個原件眞品？」

「嗯。據說，被偷了，唉……」J低著頭說：「就是因爲聽說不見了，所以雕下——憑著記憶……」

「……這樣吧：有一天，也許我把這個送還你……」

「不！請您送回排灣族人的地方好嗎？」J兩眼茫然前看：「我沒時間自己去。拜託你……」

「好吧。還有一件事：我建議你：把大門兩扇門板換了，或者把那些……削掉。」

車子突然往前衝去。我未能看清楚J的表情與表示。

林確實不是一般炒地皮的暴發戶而已。

關於排灣族共同圖騰的來龍去脈，以及失踪的點滴，林簡明地給我們說了。那是聽來十分怪異又神祕的故事。最後他說：近年收購一些臺灣民間的器具古物，自己覺得賺了一些『軟』錢，應該回饋一些給社會，這樣才能平衡。

我和秋臺，重新，仔細地打量這個人。

「嘿嘿……請不要以爲我在行善，或什麼義擧。不，我沒這麼偉大。我只是求一個平衡，嗯，我叫它是一種平衡；目的，還是自私的：這樣我才能保住自己的財富。」

「……」

「也是一種迷信吧？不過，我不信神鬼。我這是……一種莫名其妙……自以爲是的念頭。」

「喂！你還沒說清楚：那什麼圖騰，到底被弄到哪裡去？」我心底有一絲異樣的悸動。

林說：是被一羣專偷盜古物名畫的集團弄走的。其中還有排灣青年可能也涉嫌「家神串外鬼」。至於偷盜集團又可能是在某骨董名畫商人，收集集團在後面操控。該巨型圖騰——直徑一臺尺餘，高一丈五尺，非專業專家，加上「多人協助」與機具操作——是不可能脫出屏東山區，然後運到繁華臺北市的。

「到底誰買去了？」

「第一位買主，你知道的，就是本島橫跨金融、土地、製造三界的世界級大富翁——」

「你說的是——」我搶著說。

「李老師！抱歉！」林打斷我的話：「我們不要指名道姓好不？反正——你知，我知——這個人已經死了。阿彌陀佛，善哉善哉……」

這個傢伙還來這一套！秋臺嗯一聲，然後不斷點頭。這一下可好：我想我是猜錯了；顯然我想到的和秋臺認定的不屬一個人。然而，林所指的不一定是我們兩個所認爲的對象呢！因爲，今天的臺灣，如此這般起來的暴發戶並不止一家！

我們未再追問下去。可以說有點面子問題吧？林很細心，一定發覺我們的窘態，於是他三言兩語交代了——他所謂「偵探故事」的情節：

當林確知排灣的祖靈圖騰落入「那個人」——他還是不肯指出名姓，他以有大塊建地出售爲由，透過仲介公司接洽，終於當面見到「那個」年輕巨富。

林總算如願以償見到那個巨柱雕刻。他第一次感覺到一座「物件」，居然會「發射」——他斟酌一陣才用「發射」一詞——震懾人的力量——好像電波那種東西。

富翁讓他目睹了這個珍品，條件是要他發「絕誓」：不得透露誰擁有的情報。

「那你現在？……」我奇怪。

「這個人死了！咒誓消解啦！」林吞一口水，嘆一聲，說：「見面一週後，『那個人』突然以急性胰臟炎送醫急救。出院後突然爆出土地假買賣，非法變更地目，賄賂高官……等等轟動全國大醜聞。於是入獄，打官司，舊病復發、戒護就醫；吐血屙血……三個月左右，死了！」

哈哈！我和秋臺開口大笑。我是笑自己剛才猜中了，而且含有「無惻隱心的」舒暢意味在裏頭。再者，某年輕富豪的早死，明明是病理醫學問題，林的胡扯實在可笑。

「並不好笑。」林說。他顯然聽出笑聲中含有揶揄味道：「就在人死後不久，我就得到消息：那個神器圖騰已經落入別人手中。」

「那又怎麼樣？那個大壞蛋富翁家人怪罪起圖騰啦？爲了避禍，賣了？」我又笑了。

「我打聽的結果，原因正是這樣。」林說。我哼一聲。林說，據說協助偷出圖騰的排灣青年曾經告訴富翁：祖靈圖騰不能放置在個人屋內的，不然「原祖」在夜裏會咬碎人的內臟……至於那個青年，回到家第三天就「肚腹絞痛」報銷啦！林看出我們都毫未動容的樣子吧？他繼續胡扯下去：

「下一位受害者是一個地下錢莊大戶兼地產商人。」

「叫什麼名字？又怎麼受害啦？」

「我剛追查到線索——圖騰去處——剛找到門路趕去想看看——這個人……」林還是不願說出名號，想想說：「這個某乙倒楣鬼，我只在靈堂上見到一面，照遺像看來，是一個滿俊秀的三十開外士紳……」

「又怎麼死的？」

「死得很好笑：這個人的地下室是新建骨董陳列室。聽說才獲得那個寶貝第八天——早上八點左右，他的老婆發現：他抱著圖騰巨柱躺在地板上……」

「你是說？……」

「七孔流血。是被壓死的吧？據他的老婆說，那個圖騰本來以不銹鋼架固定，矗立在靠壁的地方，他怎麼取下，抱起來、移動，走到陳列室中央，再被壓死？伊懷疑……」

——這是很荒唐卻不好笑的故事。不過以我這個已然走過生命大部分行程的人來說，反正人間事本來就很少不荒唐的嘛，所以自己總在動心與不動心間聽聽而已。那個晚上林堅持要請我們小吃一頓。我婉拒了。因爲孩子們明日就要回臺北臺中了，我想和孩子們再多聊聊。

「李老師，你對這個故事，有興趣嗎？」林在分手前問。

「嘿嘿，」我想想說：「除非還有變化！」

「好。有下文我才向你報告……」他突然故作秘密地悄聲說：「據可靠消息：東西，現在已經落到臺中……一位名醫手上！」

「也許，那個名醫，嘿嘿！也已經神祕死亡！」我再加一句：「你自己也得小心……」

他還眞的，衝著我認眞地點頭；表示「敬謹受教」吧？

❊

自從那次見面後，一直不再有林的消息。

憑良心說，林離開後我很細心認眞地「搜索」記憶之海，想勾出些許有關林的印象記憶，可是我完全不能。總之，林是百分之百的陌生人，我甚至於有些多餘的疑慮：此人會不會是某「有關方面」派來的？我這些年來的言行有人不大喜歡，我當有自知之明……

第二次接觸是在去年五月節前三天。林來電話說：已經確知「東西」在臺中某人家裏。如果有興趣，他願意來載我同行，去見識見識。我不加思索就欣然應允。

可是第二天——也就是行前林突來電取消行程。

「對方要求緩幾天。抱歉。」他在電話裏，嗓音有些沙啞，頓了一陣又說：「不管怎麼樣，過幾天我一定請你一起到臺中——欣賞那——嘿！」

我的好奇心已被挑起。我眞的焦急地等候林的電話。五月節過好幾天了，問秋臺，他也未獲消息；直到十一天之後林的電話終於來了。

這天上午十時正，林把我載上高速公路。秋臺職務在身未能同行。他是由臺北南下的。

我迫不及待地問：

「今天看得到那個……吧？」

「應該可以……我找老師一起去，是要設計一下，這樣就能達到目的了。」林的說法，很奇怪。

「觀賞一下東西，還要設計？」

他說：臺北市的擁有者死後，那座圖騰巨柱已輾轉落到臺中市婦科名醫手中。他還是說不用名姓比較妥當。此人醫術和生意手段一樣出名；以八百萬元臺幣買下的。因爲高價買賣消息外傳，不但掀起骨董界波濤，據說也引起黑社會手癢了……

「八百萬一根爛柱子？」我覺得好笑也惱火。在臺灣國民所得超過七、八千美金，這是虛像，實際上四口之家，月入兩萬元之內的多的是；然而巨富玩家動輒以百萬爲單位在玩耍……

「老師：這你就不懂了：這個東西既然號稱八百萬，那麼轉手之後就一定在一千二、一千五百萬以上啦！臺灣的那些有錢人，懂藝術？屁！他們只知道：寶物追高不追低——這就是搞錢的藝術！」

我只好苦笑。

「還有一點你也一定不懂；這個金錢遊戲當中，另外一個力量也是不可缺：那就是黑社會的協助！」

「黑社會協助？」

「對！他們放話要搶，價格就會急速上漲；眞搶，未成功，那就更高價了；搶走，然後某一天重現江湖，哈哈！打包票：身價漲高十倍以上！」

神經錯亂的瘋世界！我念頭一轉，我問：

「你一直窮追不捨，原來這場遊戲比炒地皮還有賺頭啊！」

「喔……老師：你相信不相信：臺北那兩個擁有圖騰的傢伙的死亡，和……有關係？」

林不回我的話。

「唔……」

「還有，那天你還悄悄給我講：那個在海邊搞雕刻的J，得了絕症？」

「J死了。兩個多月前！」我感到莫名的惱火：「他拒絕就醫，斷氣的時候，手上還緊握鐵鎚和鑿子。」

「啊？那……過幾天我去看看——老師再陪一趟好不好？」他拉高嗓音說：「那兩扇雕刻門板，還在吧？」

「聽你的建議卸下，放在屋裡當作陳列品，另外裝上鐵門。不過，管委會剛成立——J的遺言是：所有作品一律不出售，也不外借；每年他的生日起開放參觀三天……」

「……我認爲：那個門板，還是燒燬，或送還到排灣人家鄉陳列比較好……」他認眞地表示。

「喂！你還沒回答我的問題！」我提醒。

他先說明：他認爲那些買入圖騰木柱的人之死，和買賣圖騰絕對有關；那個不許以金錢交易的東西；他們是被「神物」剋死的。至於他自己，原先確實是打主意撈一票，可是經過一年來的追尋，以及經歷的種種，他下決心放棄搞錢的歪念……

「如果可能——就是花一筆巨款我也幹——弄到手，一定送回排灣族人的地方，交由原有族人保護、敬拜。」

他這段話令我對他的觀感又是一變。這個林，眞是陌生而奇特的人，不過，從近幾年來臺灣民間、社會力的茁壯——這個角度看，卻又是奇而不怪吧？

「老師：剛才上高速公路的時候，我說的一句話你一定沒注意聽清楚：我說那個神物是輾轉落到臺中……」

「你的意思是？……」

「臺北那個被壓死的……地下錢莊老闆的家人把神物賣給臺中的一個期貨大王某某。這個鬼迷心竅的期貨大王也在幾天之內死了——聽說是被糯米糌粑噎死的……」

「……唔，一連串死亡，邪門得很，三個……嗯……四個……」我想起秋臺相告的：J在斷氣前，突然嘀咕講了一段顯然是原住民的話語，最後一句是本土母語：阮唔著、阮有罪，請求寬恕阮……唉！怪哉！

——談話中，車子已進入臺中市，十五分鐘後到達五權路全省知名的○○婦產醫院門前。我們幾乎同時這才想起：如何設計見到「神物」的問題。可是太晚了，已經到了人家大門口！

然而……奇怪？醫院門口一丈多範圍內以紅黃兩色膠繩圍了起來；十幾個佩槍警察在掌控場面——繩圈外擠滿了伸頭探腦的人。

「你看……」林指著走廊內側四角巨柱的方向：「那是，一定是……」

那是一堆白布覆蓋的——顯然是屍體了！難道……我一陣寒顫由背脊泛起；回頭看林：林是目瞪口呆，嘴角抖慄著……。我們來遲一步嗎？

一個警察走過來，我猛地一掣林的手肘，林機警得很，搖搖頭，瞬即擺出一臉笑意主動向警察搭訕。

「借問喂：者係？啥人安哉？」

「院長。死了咧啦。」

「唔係病死？呵人拍死？」

「……」警察搖頭？「阮嘛看過，沒外傷，四腳朝天，目珠金金睜極大，嚇死個款——者愛由法醫來斷。」

「者厝中……」我還是用不上福佬話：「是不是被强盜洗刼過——財務損失怎麼樣？」

「根本沒有。門窗全好。什麼都沒有被偷。」

看樣子那個圖騰木柱一定還在這個醫院裏。此時此情我們當然動彈不得。林一直說不甘心、不死心。我勸他：一切讓它自然發展。他說：接下去又不知那個貪心鬼野心家會倒楣喪命。看樣子，祂，因爲離開族人與原居地越久就越急躁憤怒，那會殺死更多想要霸占、擁有祂的人！

「老弟！」我緩緩說：「你是眞的相信，那個木柱會害死人？」

「是殺死人不是害死人。我確信。」他逼問我：「你不相信？」

「我……我想不適宜用相信不相信的說法。」我試著表達自己的意思：「我體會，或說體悟，或說覺得——也好，總之，我認爲存在過的就不會消失；說消失，它只是以一種我們不容易知道的形式存在、在那裏而已……」

「唔……」林睜大眼睛看著我。

「至於那木柱子——我是指那個雕刻了族羣祖宗形像、傳統造型、器物的圖騰，祂經歷了很長很長的歲月，更重要的，祂……祂……接受，這個……集納了百千代千萬族人的膜拜、祈禱，祝告——心靈精神的……的灌注……凝聚凝結……寄託……這樣，祂，被賦予形像之上的意義；祂，就不止是那可見可觸摸的存在物了。祂，可以說，慢慢地俱備了『生命』。嗯，一種和我們理解的生命不一樣的『生命』。於是，祂屬於那個族羣的全體，包括子子孫孫……」我一口氣說下來，說得似通非通，這一點自己也知道，不過祇能這樣子；至少，我自己聽得懂我說的是什麼。

「老師……」林大概聽得一頭霧水而又有些「感動」吧，他說：「你的話我是不太懂，不過，我知道你在說什麼。這就夠了。我把老師找來，我想我做對了。」

……嗯。我這個年紀的人，經歷了兩個朝代，又對臺灣的某一段歷史苦苦追尋過——我曾自嘲，十年來我的心神時常在陰陽兩界間徘徊著——不過我不迷信，就世人一般信仰的層次說，我是無神論者，科學主義者，而我信仰的是一種無關所謂神鬼的存在。我是從自己的這個信仰層面看圖騰原祖的有關現象……這是我個人對「生命」的看法。

林和我分開時，他許諾並要求我答應：他一定盡一切力量找到「祂」，然後要我一起把「祂」送回排灣老家。

至於臺中婦產名醫某之死，據報章披露：無外傷，非中風，非心臟疾病。是一種突發的心跳停止，呼吸斷絕；原因可能是驚嚇過度，或驟然的興奮過度，爆炸性的狂怒——而這些應該是人類生理可承受範圍內才是。可是「人」就這樣如謎似幻地死掉了。

我自然很注意這些消息，可是無由獲悉是否有進一步發展。然而，這樁事並未完結。去年中秋節過後第二天，林來了令人興奮的電話：邀我十九日一起南下，直奔屏東縣山地鄉。理由是：「祂」已在週前送回給排灣人；十九日晚上有一場祭典，我們將是以貴賓身分參加……

這回秋臺也特別請假參加了。我們在午後一時抵達屏東市。一位排灣青年「凱卡・倫達尤」在一家食堂前等我們。飯後我們不是由麟洛、內埔、潮州而進入J學雕刻的來義鄉古樓村，而是東北行走省道直馳三地門。

關於行程、目的地，林在路上才告訴我們：是在三地鄉北邊深山就叫做「排灣」的地方。山間白天特別短，經過「三地村」、「三地村」麓附近，開始進入陡坡山路。天色已經暗下來時到了「德文村」──原先在排灣社的大部分住民搬下山，在此形成的村社。

凱卡建議我們下車，改爲步行。因爲陡坡路加上落石滾動，不小心車子進退不得就慘了。

到達目的地時已經四山如紙剪的墨黑輪廓，而小小的空地上營火嫣紅熊熊而騰；大人小孩來回走動，有低沉的鼓聲和不知名的管樂器吹奏聲，也都是沉抑而渾厚的。我個人在泰雅族人部落附近成長，對於這類節奏樂音與情境，在心底深處依然清晰熟悉。不過，歲月匆匆，那是五十年前事了。五十年，臺灣的山瘦了，矮了；臺灣的河流十之六、七乾涸了，成了億萬石卵串成的歷史骸骨；而我在童年生活累積的精神資產，卻隨著歲月而繁衍增值……

凱卡．倫達尤告訴我們：據說排灣族先祖是天上降生下凡的，他們最先就在排灣社東北角的「泰母母山」上生活，繁衍子孫，後來最壯的一系族人就南下，遷居排灣結社而居。子孫繁衍人口越來越多，各家系人不得不在祖靈允許下，不斷擴散到臺灣中南部結社居住，他們每五年一定要回祖居社來謁祖靈一次，泰母母山成爲他們的祖先聖地。後來有幾社的後人觸怒祖先，於是除了碩德長老之外，一般族人不得再赴泰母母山，而以原祖化身的雕像作爲各社崇拜的對象。那個雕像木柱——圖騰就安置在排灣社裏……——現在的排灣社，除了破舊的祭壇廣場外，附近只幾戶人家；德文村才是今天排灣人聚居的地方。

不過，我們走進廣場才發現，今晚來人並不少。凱卡說：來義、泰武、瑪家、霧臺、三地各鄉的排灣族人，都派有代表來參加盛會。

實際上今年是排灣族最重要的祭期「瑪理威」——「五年祭」的日期。平常是幾個村社聯合舉行，或各部落個別行事；這回因爲迎回失蹤四年的祖神圖騰，各村社頭目無異議聚集在最老資格的「排灣社」舊跡舉行。

「瑪理威」是歲時祭儀中，規範與禁忌最多最嚴的一種。爲期三天：第一天是召祖靈「密威營」，第二天是祖靈降示與慰靈，第二日下午送走邪靈的「猜桑給、阿窩窩」儀式結束之前，村民只能飲用自製多喝不醉的「卡瓦甕」——甜酒。

今天是第三天，送邪靈的「猜桑給、阿窩窩」也已經結束了。大家可以盡興痛飲所謂「罵煞打馬，阿威窩」——烈酒了。可是今天的排灣人已經失去使用傳統材料：長果月橘、艾納香、排香草、土茯苓等自釀烈酒的本事，他們只能購進大批的「海盜仔」——米酒來痛飲。

我和秋臺都有和泰雅與賽夏人交往、同飲的經驗。林和幾位老排灣好像很熟。他一再提醒我們，要注意禮儀；我們是眞正上賓，在接受敬意是「維持尊貴的禮貌」——即不能太客氣……

這一點我們大概還算中規中矩吧？我和秋臺在不失禮貌之下「不得不」痛飲起來。

感到遺憾的是，這整個祭典的布置、陳設距我想像的太遠了。也就是太簡陋了；以麻竹或荊竹臨時搭架的臺子中央安置那並不怎麼威赫醒目的紅綠木柱——圖騰，而且是用葛藤之類草繩固定著的；左右是各五株枝葉早就萎垂的陪襯裝飾吧？圖騰前石板上供著五、六瓶米酒，帶皮甘蔗、香蕉；另外一堆黑忽忽的，好像是一個豬，或什麼山獸的頭吧？排灣族特有的運動「打刺球」的竹架，刺球就放在供臺左右，零零散散，予人雜亂，不莊重的感覺。

唯一給人生氣蓬勃的感受，那就是斟酒、乾杯的吆喝歡笑了。

另外我感到很不滿的是：我們錯過了「瑪理威」的全程，「送邪靈」儀式都完了，我們只見到盛會後的散落場面而已。現在還能怎麼樣？我只有打起精神來喝酒啦。

「實在很抱歉——應該在昨天來才是。」林解說是：「昨天是『祖靈降示』與『慰靈』，據說那才是重頭戲。錯過了，一是因爲我……有一個大企畫要簽約，還有：實際上，他們幾個族長，頭目不大歡迎我外人……看到『祖靈降示』等項目……」

「又爲什麼？」我和秋臺同時問。

「排灣人向來好客，可是這回他們覺得很失面子……他們傷心又自責……」

「這，可以理解。」秋臺說。

「實際上……」我另有感觸：「這些年來，尤其繁華富裕其外，腐化空洞其內的臺灣，各族羣的『祖靈』，恐怕是被偷走很久了，卻還未發覺呢。」我說。

秋臺邊啜酒，邊靜靜地凝盯著我。

林想說什麼，還是沒開口，也是默默喝酒。

祭壇前的營火一直很旺。排灣老少陸續走到營火旁跳舞或互相戲耍。不過看出得來那不是儀式的一部分。

凱卡領著五位老排灣過來敬酒。我們只好捨命相陪了。其中一位禿頭老人乾杯後，直挺挺地向我們說話——好像是「訓話」。凱卡權充翻譯，卻說：只能翻成「謝謝」兩個字，其他的，都是「比喻和形容」，有些意思他也不全懂。

另外一位老人問：認不認得他們族裏的一位「很會唸歌」的？我們不懂。他又作雙目緊閉狀。我問凱卡，是不是指失明詩人莫那能？老人作恍然狀。原來他們也都以擁有莫那能詩人爲榮吧？我請凱卡告訴他們：雖然不相識，卻讀過不少他的詩，且非常欽佩他……

我們相處了兩個小時以上，這才彼此融洽熱絡起來。嗯，人與人之間，相互理解與尊重對方太重要了。

接著五位老人要求我們一起到營火堆後面——也就是祭壇正前面，讓我們一排站好——現在才仔細看清楚，「保護神」圖騰的各部分精緻神妙的雕像——前面。

「要給你們……向保護神請求降福。」凱卡說。

「儀式中有這一項嗎？」林問。

凱卡說沒有。長老們是特別爲我們舉行的。我們已經酣然暢快，此情此景，過五十的人生，久歷人世的半枯萎生命，隨緣隨緣，有什麼好忸怩作態？我們彼此相對一哂，然後故作十分肅穆地接受祝福。

排灣老人的語言固然完全聽不懂，不過那蒼涼而渾厚的嗓音，迴緩的節奏，敬畏祈求的語調——在這四山沉寂而營火熊熊下，奇異驚人地，我似乎完全能聽懂他的祝辭了。是的我懂。甚至老人的悽愴茫然的心境，我都能「觸摸」著，完全理解……

大約十分鐘，「祈福」儀式結束。我們被請到一旁坐下；五位老人還有「節目」，他們不知是酣醉八分，還是虔誠的儀式動作把他們引入於一種渾然無我，而進入純粹的玄思情狀中。他們手腳小幅度舞動著，以半唱半說的形式向他們的原祖，保護神訴說：

祖靈呵　歸來呵　TIAMEN SUVARIDAN TSIKURU.
歸來呵　祖靈呵　TSIKURU TIAMEN SUVARIDAN.
呵哈　O HA
排灣的祖靈　TISUN NA PAIWAN NA SUVARIDAN.
祖靈的排灣　TISUN NA SUVARIDAN NA LEMATASU TALAMEN PAIWAN.

呵哈	O HA
排灣的子孫	TIAMEN NA PUZIAMU TA PAIWAN NA MAKA VUVU.
子孫的排灣	PAULI TIAMEN TE PAIWAN.
歸來呵　回來呵　回返呵	TSIKURU TSIKURU TSIKURU.
嘢哈　嘢哈	YA HA YA HA
排灣的土地歸還	TIAMEN NA PAIWAN KINIZUANAN PATSIKELE TALAMEN.
土地的排灣回返	PATSIKELAN TIAMEN NA PAIWAN NA KINIZUANAN.
呵哈	O HA
排灣的歸排灣	MASA TIAMEN PAIWAN NA PATSIKELAN TALAMEN PAIWAN.
嘢哈	YA HA
祖靈護佑呵	SUNA NA SUVARIDAN PASUINI WAMEN.
排灣的歸排灣	MASA TIAMEN PAIWAN NA PATSIKELAN TALAMEN

PAIWAN.

聽著聽著，不知什麼時候起我輕輕地跟著哼起旋律來。五老不斷反覆訴說吟唱，我們三人幾乎也以「諧音」吟唱了。我覺得眼前景物有些朦朧搖曳，我發現秋臺眼頰上好像有汗珠或水粒滾落。是的，我欲淚。是的，我想哭。我想放悲聲大哭一場。知道嗎？朋友，我被歌詠聲觸動那欲斷的心弦啊！於是我，我們……

於是我們被攙扶著躺進一頂帳篷裏。我堅持再喝。有人阻擋，有人推開阻擋的傢伙而協助我。可是酒瓶口太小，那酒瓶內的酒老是灌不進我的嘴裏。哈哈！眞荒唐！所以大家都笑了。也有人哭。他們說是我哭。我不相信。聽到哭聲的，一定不是自己哭。對不對？這些人眞笨。實際上是他們在哭而不知道。人喝醉了，哭聲就像笑聲一樣，那些哭的人又以爲自己在笑。我確確實實知道他們在哭；以各種好像笑的聲音與方式在哭；哭他們的原祖，祖靈的失踪和被侮辱。現在雖然送回來了，可是受過侮辱的原祖、祖靈會原諒嗎？會和原先一樣嗎？或者是否眞回來了呢？還有祖靈一定十分加十分傷心，祂所疼愛的子孫，男的女的流落……所以祖靈會哭的，所以，他們好像笑那樣哭了，他們是以笑的樣子掩飾眞心的哀傷悲泣痛哭啊！

是的，我的耳邊腦際滿山盈谷的哭聲。這哭聲還挑起掩埋心底深處的童年種種哭聲。我想只好留在這簡陋篷帳裏過夜了。我希望趕緊入睡，拋卻這些惱人的哭聲。是的，我要逃走，逃脫這些哭聲。

於是我逃了。我一個人逃。我很快就擺脫秋臺和林等。我一個人在山路上狂奔。哭聲還在後面緊追。我繼續跑。之後我力竭而倒，我躺在感覺裡十分乾爽的乾草堆上，我好疲倦，我要好好睡一覺才行……

「嗚……咻……」又是？又是誰在哭？

我趕緊爬起來。現在我站在一塊廣大的斜坡地上。日頭在昏黃的濃霧外。這是黃昏時刻。咦？怎麼會是黃昏呢？嗯，是黃昏。陣陣冷涼西風吹來，吹來，那剛剛被劈落刈割的菅草叢間——是幾十個，喔，是幾百幾千個「傷口」；那是直徑三、四臺尺的巨木切口；是以雙人鋸鋸倒參天巨木留下的切口——「傷口」。那些切口都是檜木的致命傷口。那些倒下的巨幹已經被支解、送下山去了吧？

唔？……這裏是哪裏呢？是陌生又熟悉的地方啊！

黃昏的昏黃迅速轉濃變暗，冷風咻咻越吹越急。

「嗚……嗚……」又是哭聲！

這回的哭聲和祭典那邊的不太一樣，這是幽細的，銳如鋼絲而又帶有冰冷氣息的哭聲。那是由很特別很特別ㄖ鼻腔發出來的。我不信鬼。這一定是發自生命體的至哀至悲至恨至怒的聲息。是？……是誰呢？

我開始走動。我在布滿檜木傷ㄖ的空曠斜坡上走動，尋找那哭聲的出處。

「嗚嗚……嗚……」我聽清楚了，是那最大傷ㄖ附近發出的。

我狂奔過去。可是，就在我撲近的瞬間，我聽得更清楚了；哭聲實際上是發自我剛才站立地方旁邊那個傷ㄖ附近……

我再跑回來。不對。聲息來源又換方位了。我瘋狂地追逐，結果哭聲依然繚繞身邊，卻找不到眞確位置與「主人」……

「嗚嗚……嗚……嗚嗚……」

我靜止不動，我强迫自己冷靜細聽……

唔……嗯……原來……我終於發覺；這一陣陣隨風揚起的哀切淒厲哭聲，就是那幾百千個檜木傷口發出來的。是的，的確是的。是衆木斷裂致命傷口發出的哭聲，嘆氣與憤怒的聲息……

檜木是有生命的。是的，山川草木既還存在，那就有其各自不同形式的「生命」。然則任何生命都無權任意剝奪別的存在者的生命。

——於是……咦？不對啊？這不是我「今日」的見聞遭遇，不！不是的。那麼該是一場夢。我是在做夢。因爲我記得很淸楚，在黃昏，衆木哭聲驚醒伐木工人之後，工頭與衆伐木工人商量好，他們在次日，準備一些香果奠品，設一座「衆木之魂」靈位，就在檜木林衆「傷口」的斜坡上設案敬拜，並祝告「衆木之魂」安息，同時誠摯起誓；從此，凡是在臺灣島上砍伐一株樹木，一定另植一棵「還給大地」……

——這些事故不是我自己經歷的，是先父生前經常講給我們聽的。先父正是那些伐木工人之一，而他中年之後落籍大湖鄉番仔林，從事的就是造林業……那麼，我，只是在夢中罷了。現在，我是在夢中而領悟自己在做夢？是這樣吧？哭聲，喔，或者是笑聲依然斷斷續續。我該趕緊醒來，趕走這些夢境？還是故意裝糊塗繼續做夢下去？唉！我不知道。不過，意識深處似乎不斷放射出危險警訊了：目前這個夢，有一股往深幽處漩轉的強烈引力，可能隨時會把我吸入，吞沒，連那一線清醒意識都會被毀！啊啊，我要醒醒，我要一股助力……。

國立中央圖書館出版品預行編目資料

慈悲劍／李喬著.--第一版.--臺北市：自立晚報出版:
吳氏總經銷,1993〔民82〕
面;　公分.
ISBN 957-596-252-4(平裝)

857.63　82003842

慈悲劍

作　　者：李　喬
董 事 長：吳和田
發 行 人：吳豐山
社　　長：陳榮傑
總 編 輯：魏淑貞
主　　編：廖國禎
文字編輯：吳麗娟　李彩芬　余敏媛
美術編輯：何惠華
行政編輯：吳俊民
校　　對：吳貴如　李　喬　吳麗娟
行　　銷：季沅菲　弭適中　彭明勳　許育英
　　　　　林徵瑜　王芳女　許碧眞
出　　版：自立晚報社文化出版部
　　　　　台北市濟南路二段十五號
　　　　　電　話：(02)3519621轉圖書門市
　　　　　郵　撥：0003180-1號自立晚報社帳戶
　　　　　登記證：局版台業字第四一五八號
總 經 銷：吳氏圖書有限公司
　　　　　台北市和平西路一段一五〇號三樓之一　電話：(02)3034150
法律顧問：蕭雄淋
印　　刷：松霖彩印有限公司
排　　版：自立報系電腦檢排室
定　　價：一八〇元
第一版一刷：一九九三年六月

ISBN 957-596-252-4(平裝)